Verlag
GUERAN

I can feel the earth begin to move
I hear my needle hit the groove
And spiral through another day
I hear my song begin to say
Kiss me where the sun don't shine
The past was yours
But the future's mine
You're all out of time

(The Stone Roses)

OLIVIER SCHIEWE

UNTERWEGS FÜR IMMER

Dieses Buch widme ich meiner Mutter, die immer stolz auf mich sein wollte, aber es im Zuge meines Werdegangs nie werden durfte!

Bibliografische Information der Deutschen Nationalbibliothek: Die Deutsche Nationalbibliothek verzeichnet diese Publikation in der Deutschen Nationalbibliografie; detaillierte bibliografische Daten sind im Internet unter http://dnb.dnb.de abrufbar.

Papier zertifiziert nach MIX credit TUEV-COC-000146

Verlag Gueran, Garching, © 2016

ISBN: 978-3-946679-12-7

Titelbild: Karakorum-Highway, chinesische Seite, ungefähr zehn Kilometer hinter dem pakistanischen Grenzübergang.
Frontispiz: Bayon in Angkor. Foto des Verlags.
Alle Aufnahmen im Buch: Olivier Schiewe

OLIVIER SCHIEWE

UNTERWEGS FÜR IMMER

Nicht immer ganz politisch korrekte Geschichten aus aller Welt

Verlag GU^eRAN

2016

Inhalt

Inhalt

Inhalt

Vorwort

Seine erste große Reise führte Olivier Schiewe, den Autor dieses Buches, 1987 mit wenig Geld und fast ohne Englischkenntnisse nach Australien, wo er zum ersten Mal Einblick hatte in eine ihm bis dahin unbekannte neue Welt. "Die Reisewelt" - Biotop des Aussteigers, des Suchenden, des Umherziehenden!

1987 war man anders unterwegs als heute! Sicherlich komfortabler als in den 60ern, aber das Reisen musste immerhin noch ohne Kreditkarte, Email, Smartphone oder Tripadvisor funktionieren, Errungenschaften und Annehmlichkeiten, die vieles veränderten.

1987, Burma und China öffneten sich langsam. Kambodscha und Laos, heute Touristenhochburgen, warteten noch ein wenig. Es war eine Zeit, in der man noch sein Busticket selbst buchen durfte, es noch keine grölenden Facebook-Backpackerhorden mit Vollbärten und Trolleys gab. Eine Zeit ohne Full Moon Parties und "Same Same but different T-Shirts". In Indien war man noch ohne Coca-Cola und Pepsi glücklich, und es gab Gott sei Dank noch nicht das inflationäre Selfie. Nur eines scheint auch in der heutigen Reisewelt gleich geblieben zu sein: Bob Marley klingt immer noch aus den Lautsprechern der vielen Backpacker-Cafés von Goa über Bangkok bis nach Cuzco, der Andenstadt in Peru. Der romantisierende Soundtrack des zivilisationsmüden Heilsuchenden.

Infiziert vom Reisevirus, stets auf der Suche nach neuen Erlebnissen, bereiste Olivier Schiewe mindestens hundert Länder auf allen Kontinenten. Auch ein spätes Kulturwissenschaftsstudium, das er erst mit 37 Jahren abschloss, konnten ihn nicht mehr vom Unterwegssein abbringen. Zu schnell kam Langeweile auf, wenn er zu lange an einem Ort weilte. Es wurde schlimmer. Es folgten Überlandreisen mit öffentlichen Bussen durch die ganze Welt, um die Gier nach einer scheinbar unverfälschten Welt zu stillen. Das Fliegen wurde langweilig. In den Focus des Unterwegsseins rückte das Dazwischen und nicht mehr das Ankommen.

Erst sehr spät, gegen 2006, entschied sich der Autor, seine Reisen in Form von skizzenartigen Kurzgeschichten online zu dokumentieren. Dabei richtet er seinen ironischen Blick vor allem auf das Sonderbare des Alltäglichen, aber auch auf Veränderungen der Reisewelt, die er quasi live miterlebt. Nicht zuletzt bereitet es ihm besondere Freude, in Bezug auf seine Reiseanfangsjahre, die Dummheiten und Absurditäten des Reisenden im Onlinezeitalter auf die Schippe zu nehmen.

Ein in Rente gegangener Ingenieur aus Unterfranken, der seine eigene Rastlosigkeit mit dem Übersetzen von Reisebüchern vergangener Tage und dem Aufbau eines kleinen Verlags kompensiert, ermutigte den Autor zur Veröffentlichung seiner Aufzeichnungen. Entstanden ist das vorliegende Buch: Eine kleine Sammlung von Reiseskizzen und Bildern des letzten Jahrzehnts.

Vorwort

Olivier Schiewe lebt derzeit, wenn er nicht unterwegs ist, in seiner Wahlheimat Kambodscha.

KAPITEL I: AFRIKA

Afrika

Über Land durch Afrika

Frühjahr 2011

Endlich war es mal wieder soweit! Diesmal sollte es mit öffentlichen Verkehrsmitteln durch Afrika gehen. Zug, Bus, Schiff, und was sich sonst noch so ergeben würde. Und zwar bis ganz nach unten, nach Südafrika. Ja, vielleicht sogar bis Madagaskar, auf diese unbekannte große Insel, wo der gute alte Citroen 2 CV, bei uns besser bekannt als Ente, oder der Renault 4 noch als Taxis im Einsatz sind.

Auch wenn die Strecke über Westafrika, mit Ländern wie Mali oder Niger, kulturell durchaus reizvoll ist, habe ich mich dann doch für die etwas sicherere und preisgünstigere Ost-Route des schwarzen Kontinents entschieden. Nicht zuletzt haben die Engländer dafür gesorgt, dass dort auch ein besseres Englisch gesprochen wird.

Etwas problematisch ist die Situation derzeit in Syrien. Das Regime hat seit einiger Zeit immer deutlichere Probleme mit oppositionellen Gruppierungen. Die Landesgrenze könnte jeden Tag geschlossen werden.

Ferner ist das sudanesische Visum nicht ganz einfach zu bekommen, sollte aber laut meiner Recherche für hundert Dollar im korrupten Konsulat in Kairo mit dem "*Letter of Recommendation*" der deutschen Botschaft erhältlich sein. Lassen wir uns also überraschen. Los ging es mit einem "Sommer-Spezial" der Deutschen Bahn, von meiner Heimatstadt Lüneburg aus, für neununddreißig Euro nach Budapest.

SYRIEN

Aleppo, Frühjahr 2011

Vom türkischen Antakya ging es an die nordsyrische Grenze. Nicht zum ersten Mal übrigens. Schon 2006 querte ich hier. Ich mochte dieses arabische Land. Es gab Bier und die Leute waren für arabische Verhältnisse deutlich zurückhaltender und ehrlicher als beispielsweise viele Menschen in Nordafrika. Vom Lebensstil erinnerte mich Syrien etwas an die Türkei. Es wirkte in seiner Lebensart freier und offener als andere arabische Länder. Es gab Kneipen und sogar so etwas Ähnliches wie Diskotheken. Oder waren es Bauchtanzbars? Auffällig viele Kirchen säumten das Stadtbild, den Christen schien es gut zu gehen. Sie galten hier sogar als durchaus privilegiert. Nicht unbedingt üblich in einem muslimischen Land. Viele schöne alte Autos. Gestern sah ich einen alten Opel Kapitän in Dunkelblau. Noch in Originallackierung. Das hatte was. Auch mit der Kleiderordnung nahm man es nicht ganz so genau. Das Kopftuch war kein Muss. Und manchmal sah man sogar junge Frauen in kurzen Kleidern!

Ab-al-Hawa war einer der Hauptgrenzübergänge zwischen der Türkei und Syrien. Von dort waren es nur noch wenige Stunden mit dem Minibus nach Aleppo, der zweitgrößten Stadt des Landes. Am Grenzübergang lernte ich einen Syrer mittleren Alters aus Mönchengladbach mit einem dicken schwarzen BMW kennen. Araber lieben Status! Er war mit seiner Familie unterwegs nach Damaskus. Familie besuchen und Urlaub machen. Man fuhr immer mit dem Auto. Man wechselte sich mit dem Fahren ab. Nach zwei bis drei Tagen war man in Damaskus. Billiger als fliegen, meinte er scherzend. Wir sprachen sogar noch kurz über die Borussia, die diese Saison unter Lucien Favre sehr ordentlichen Fußball spielte.

Obwohl es schon seit einiger Zeit Probleme mit oppositionellen Gruppen im Land gab, war die syrische Landesgrenze noch geöffnet. Täglich informierte ich mich über den Lonely Planet Travel Thorn, ein manchmal ganz brauchbares Online-Reiseforum. Mal hieß es, die Grenze wäre geschlossen, dann mal wieder nicht. Nicht zuletzt aus diesem Grund war ich bisher recht flott unterwegs. Hätte ich eine Teilstrecke fliegen müssen, wäre die Reise für mich nicht dieselbe gewesen. Das war mir wichtig!

Die Formalitäten an der Grenze dauerten an. Langes Herumtelefonieren. Informationen einholen. Immer wieder aufgeregtes Blättern in meinem abgegriffenen Pass. Zu viele Stempel von vorherigen Reisen. Ich hätte dran denken müssen. Zu spät. Sollte meine Überlandreise schon bereits hier zu Ende sein?

Ankunft in Aleppo. Die Männer saßen wie eh und je in ihren Teestuben, zogen an der Wasserpfeife und spielten Brettspiele. Frauen waren in solchen Teehäusern quasi nie anzutreffen! Teehäuser waren im ganzen Orient Männerdomänen.

Eine große kräftige Frau um die fünfzig, in einem landestypischen schwarzen Gewand, sprach mich in recht gutem Englisch an. Staunen. Sie kam aus Saudi-Arabien. Sie machte Urlaub. Wollte mal wieder Auto fahren. Drei Wochen wollte sie bleiben. Ach ja, stimmt ja. In Saudi-Arabien dürfen Frauen ja nicht Auto fahren.

Nach längerer Betrachtung hatte ich aber doch das Gefühl, dass die jubelnden Assad-Syrer seit meiner ersten Reise im Jahre 2006 vorsichtiger geworden sind. Die unzähligen Konterfeis des syrischen Präsidenten an jeder Kreuzung, in jedem Restaurant oder an den Auto-Heckscheiben sind immer noch präsent. Oder waren es doch weniger geworden? Ich war mir nicht ganz sicher. Trotz eines vermehrten Aufgebots von Polizei und einigen Straßensperren war in Aleppo von den Aufständen nicht viel zu merken. Dara, eine kleine Stadt im Süden des Landes, an der Grenze nach Jordanien, und Homs sind die derzeitigen Epizentren der Unruhen. Leider wollte niemand mit mir so richtig darüber sprechen. Für Touristen waren diese Städte derzeit tabu.

Syrien war nie ein besonders touristisches Land. Obwohl das Land mit Palmyra, einer antiken Oasenstadt, und Krak de Chevaliers, einer wuchtigen Kreuzritterburg, zwei Sehenswürdigkeiten besitzt, die zum UNESCO-Weltkulturerbe gehören. Mir konnte es recht sein. Zu viele Touristen veränderten das landestypische Gesicht sowie die Gewohnheiten der Menschen. Letzteres nicht unbedingt zum Vorteil.

Auffällig viele Russen waren unterwegs. Das war mir vor einigen Jahren noch nicht aufgefallen. Sie konnten seit Neuestem ohne Visum nach Syrien reisen. Erstaunlich. Da gab es den ganz normalen jungen Backpacker mit Schlapphut und Flip-Flops, der Moskau-Damaskus direkt geflogen war. Aeroflot machte es möglich. Aber auch russische Sauftouristen waren anzutreffen. Und das in einem arabischen Land. Wer hätte das gedacht. Gestern traf ich einen Mittdreißiger mit einem runden Gesicht aus St. Petersburg. Er war gestern Nacht in einer dieser Bauchtanzbars in der Altstadt versackt. Nach einer Flasche Wodka ist er sein ganzes Geld losgeworden. Der Kater war ihm noch anzumerken.

ÄGYPTEN
Kairo, Frühjahr 2011

Diese Diktatoren, die sich in Arabien breitgemacht haben, ihr Geld häufen, ihre Macht zelebrieren und dem arabischen Frühling trotzen - wie die Katze dem Wasser. Die armen Frauen, die in ihren tiefschwarzen schweren Verhüllungen und bei fünfundvierzig Grad im Schatten durch ihre schmalen Sehschlitze kaum ihre Umwelt wahrnehmen können. Und das, obwohl diese Frauen von den jeweiligen Machthabern gar nicht dazu gezwungen werden. Das ist schon eigenartig. Alles im Namen Allahs - oder sind es gar die störrischen Ehemänner, welche die kulturelle Hegemonie nicht brechen wollen? Ach ja, Tradition, ich vergaß!

Es soll ja die Diktatorenkrankheit geben, hab ich irgendwo mal gelesen. Saddam Hussein soll einst darunter gelitten haben. Das funktionierte ungefähr so: Der Ernannte umgibt sich mit einem auserlesenen Stab von Beratern, die wiederum in einem gewissen Abhängigkeitsverhältnis zu diesem stehen. Diktatoren steuern in der Regel die Geschicke eines Landes recht lange, indem sie auf bewährte und vertraute Hilfsmittel setzen. Dazu zählen Korruption, Einparteiensysteme, Wahlfälschungen, Notstandsgesetze, Sicherheitsapparate und Versammlungsverbote. Über die vielen Jahre der

Macht ohne Widerworte und Einsprüche wird nun für den Herrscher zur Gewohnheit, dass jeder die Meinung seiner Despotie teilt. Die Sichtweise des Diktators wird damit zu seiner persönlich erlebten, unantastbaren Realität. Eine Realität, die für unsereins oft schwer nachvollziehbar ist. Gaddafi, ein Diktator mit besonders langer Berufserfahrung, gilt diesbezüglich als Paradigma.

Wird nun die erlebte unantastbare Realität in Frage gestellt, reagiert der Diktator oftmals zornig. Sofort rennt er zu einem seiner Getreuen, meist zu dem, der ihm am ergebensten ist, um die verletzte Eitelkeit zu lindern. Das liegt in der Natur der Diktatorenpsyche. Diktatoren sind sehr empfindliche Wesen, haben schwache Nervenkostüme und sind nur schwer zu beschwichtigen. Deshalb neigen Herrscher gerne dazu, dem Dissidenten den Garaus zu machen. Denn diese haben aus Diktatorensicht Unrecht begangen und müssen deshalb bestraft werden.

Erscheint fast logisch in diesem Kontext. Wir beobachten solche Vorgänge gerade in Libyen, Jemen und immer noch in Syrien.

Gestern in der Taxe auf dem Weg zur Deutschen Botschaft in Kairo versuchte ich den Fahrer auf eine kleine Unterhaltung einzuladen. Vorsichtig fragte ich in einfachem Englisch: "Now everybody in Egypt is very happy, yes? Now Mubarak in hospital, he is finished! Now everything good, yes?" "Why", raunte er: "Mubarak was a good man and has done many good things for our

Egypt." Oh, da hatte ich wohl den Falschen erwischt und nahm mich zurück!

Während die einen Herrscher noch hadern, sind andere wie Mubarak und Ben Ali bereits von uns gegangen. Auch Osama Bin Laden, der selbsternannte islamische Che Guevara aus Saudi-Arabien, hat mit Hilfe unserer amerikanischen Freunde Platz geschaffen für einen seiner Nachfolger. Sein feines Gesicht zierte noch tagelang die Titelseiten der arabischen Tageszeitungen, aber keiner schien sich, so meine Beobachtung, außer vielleicht den Taliban, so richtig darüber aufregen zu wollen.

ÄGYPTEN
Assuan, Frühjahr 2011

Sieben lange Tage musste ich in Assuan, der südlichsten Stadt Ägyptens, in der Agatha Christi einst den Krimi "Tod auf dem Nil" geschrieben hat, verbringen. Schöne charakteristische Nillandschaft mit idyllischen Inseln, Katarakten und den wohl verdorbensten Menschen in ganz Nubien. Nubien, so bezeichnet man den südlichen Teil Ägyptens und den nördlichen Teil des Sudans. Hier im Süden verliert der Ägypter auch allmählich seinen arabischen Einschlag. Die Gesichtszüge werden runder und afrikanischer, das Haar krauser, die Haut dunkler.

Von Assuan fährt jeden Montag zu ungewisser Stunde die notorisch überfüllte, schwer in die Jahre gekommene Fähre über den Nasser-Stausee, Richtung Wadi Halfa ab - dem kleinen Grenzort im Norden des Sudans. Die 570 Tickets verkaufen sich gut, denn nur mit der Fähre geht es auf dem Landweg in dieses geheimnisvolle Land, auch für die Sudanesen.

Ägypten lockt Touristen schon seit Menschengedenken an. Ist quasi die Nummer eins des Welt-Tourismus, auch wenn im Zuge des arabischen Frühlings die Besucher gerade mal wieder ausbleiben. Vor allem die Israelis, die gerne auf dem Sinai, ihrer ehemaligen Besatzungszone, Urlaub machten, halten sich derzeit zurück. Demokratiebewegungen sind eben nur für den gut, dem sie nützen. Unter Mubarak fühlte man sich wahrscheinlich doch noch etwas sicherer.

Der Tourismus ist leider an vielen Ägyptern nicht spurlos vorbeigegangen. Wenn man so will, haben die Reisenden durch ihre Naivität und ihre Dummheiten, die Einheimischen zu aufdringlichen, gierigen Individuen erzogen. In Assuan, wo die 5-Sterne-Nilkreuzer mit den Neckermännern aus Luxor und aus dem Tal der Könige anlegen, scheint dies zu kulminieren. Assuan ist aus den Fugen geraten.

In Assuan lauert Betrug ohne Scheu an jeder Ecke, wird mit hartnäckiger Bitterkeit praktiziert und eingefordert. Ein informeller Krieg, zwischen Besuchern und Einheimischen. Wer nicht partizipiert, geht leer aus. Ein Teufelskreis ohne Stolz und Würde. Die gnadenlose Hartnäckigkeit soll lukrativer sein als die kultiviertere Variante, versicherte mir einst ein Souvenir-Händler in Hurghada. Das endlose Verständnis des Touristen wird zur eigenen Falle!

Welcome, welcome ruft es von allen Seiten: "Woher Sie kommen, Berlin, Frankfurt, ach ja, ach sooo, mein Bruder hat eine Schneiderladen, sind Sie schon lange hier, Michael Ballack, Schweinsteiger. Ich habe gute Freund in Heidelberg" ...

In Assuan wird um alles gehandelt, selbst um einen Tee, in einem der zahlreichen Teehäuser – wenn man so will, der arabischen Kneipe. Normalerweise kostet das Glas Tee ein ägyptisches Pfund. Angefangen wird in Assuan in der Regel mit fünf und mehr Pfund. Wenn es dem Touristen gelingt, die Tasse auf zwei Pfund runter zu handeln, fühlt sich der Kellner auch gerne mal betrogen.

Ja, er kann sogar patzig werden, und ein alter Teesatz wird zur Strafe als Aufguss benutzt. So mir passiert, hehe. Da saß ich doch am dritten Tag meines Wartens in diesem Teehaus. Ich war erfolgreich, handelte meinen Tee auf das touristische Minimum von zwei ägyptischen Pfund runter. Um mein Handelsgeschick in vollen Zügen auszukosten, bestellte ich mir noch ein zweites Glas. Seltsamerweise betrug die Rechnung anschließend sieben ägyptische Pfund. Als ich den Kellner fragte, wie dies denn zu erklären sei, erwiderte er, ich hätte nur den ersten Tee runtergehandelt, der zweite würde wieder fünf kosten!

SUDAN
Khartum, Sommer 2011

Der Sudan hatte mich immer schon gereizt, nicht weil es da unbedingt etwas zu sehen gäbe. Was natürlich nicht sein kann, denn überall gibt es ja was zu sehen. Nein, ich glaube, es war vielmehr, dass ich kaum etwas darüber wusste, fast nie eine Dokumentation oder Sonstiges zu Gesicht bekommen hatte. Sehen wir mal von den Informationen ab, die wir seit letzter Zeit in den Nachrichten über die Krisenregion Darfur erhalten.

Jede Kultur eines Landes, jede Politik oder besser noch jedes System, sei es demokratisch, herrschaftlich oder zum Beispiel stark religiös inspiriert, entwirft eine gewisse Ästhetik. Ein landestypisches Bild. Nennen wir es kurzum eine Straßenszenerie. Das war es, glaube ich, was mich an jedem Land so faszinierte. Das Spezifische an einem Land. Seine Eigenheiten. Je abgeschotteter ein Land ist, desto eigentümlicher und unverfälschter kann es sich darstellen. Insbesondere im Internetzeitalter. Nordkorea könnte in diesem Sinne schon ein interessantes Land sein! Zumindest wenn man auf solche Dinge aus ist, wie ich sie oben beschrieben habe.

Landestypische Straßenszenerien sind Unikate, bestehend aus Gesichtern, Farben, Dresscodes, Abgaswerten, Automarken, Architektur, Unrat, Bewegungen und Geräuschen, um nur einige Merkmale zu nennen! Die Gesamtheit aller Merkmale entwirft ein bestimmtes Bild. Manche Leute sammeln Briefmarken oder Münzen. Ich sammelte Straßenszenerien, um sie auf Dias, Speicherkarten oder in meinem Kopf zu archivieren. Im Laufe der Jahre hatte ich mir sogar die Gabe angeeignet, binnen weniger Sekunden eine Straßenszenerie einem Land, ja, oftmals sogar der dazugehörigen Metropole zuzuordnen.

Saß der Bettler in Khartum oder in Kalkutta? Ich hätte damit wohl bei "Wetten, dass" auftreten können!

Es war heiß in Khartum. Sehr heiß. Khartum war eine recht langweilige Stadt. Obwohl ich so etwas nur selten sage. Denn es liegt ja nicht zuletzt an mir, die Dinge interessant zu gestalten! Ich wartete auf mein äthiopisches Visum und war deshalb für einige Tage festgesetzt. Ich gönnte mir eine Behausung mit Klimaanlage, nur so war es möglich, in dieser staubigen Stadt auszuharren.

Das sudanesische System machte das Leben seinen Bewohnern nicht besonders leicht. Die Scharia, das religiöse Gesetz des Islam, ist Grundlage des sudanesischen Rechtssystems. Alles, was in irgendeiner Form mit Unterhaltung zu tun hatte, schien verboten. Es gab keine Kinos, keinen Alkohol, nicht einmal ein nettes Café konnte ich finden. Ich wanderte Stunden umher, nur um einen netten Sitzplatz für eine Tasse Tee zu finden. Ich wollte das Treiben und die Gewohnheiten der Hauptstädter studieren. Das konnte man am besten, indem man an belebten Plätzen einen guten Beobachtungsposten bezog. Ungefähr so wie auf einem Hochsitz, wo das Wild den Jäger nicht bemerken sollte!

Irgendwann gab ich auf. Es gab keine netten Sitzplätzchen in Khartum. Khartum wollte seinen Bewohnern kein Vergnügen gönnen. Ich ging zum Goethe-Institut. Leider schienen alle Mitarbeiter beschäftigt. Sobald man mich sah, schaute man weg. Seltsam, so viele westliche Besucher sollten die doch hier nicht haben. Oder wollten sie ihr Deutsch nicht auf die Probe stellen?

Die Menschen in Khartum wirkten nicht besonders fröhlich. Wahrscheinlich hatten sie auch keinen Grund dazu. Ich versuchte herauszufinden, was man von dem Konflikt in Darfur halten würde. Kritische Stimmen konnte ich nicht finden. Man schien eher auf Regierungsseite getrimmt. Ein gewisser Umar al-Baschir lenkte seit geraumer Zeit die Geschicke des vor kurzem noch flächenmäßig größten Landes in Afrika. Mit der Abspaltung des Südens vom sudanesischen Norden, die deren Bevölkerung Anfang dieses Jahres durch ein Unabhängigkeitsreferendum entschied, hatte Algerien diesen Superlativ übernommen.

Ich erblickte einen Gaddafi-Pizza-Lieferservice, mit seinem Konterfei. Das fand ich sehr amüsant. Der libysche Herrscher wurde im Sudan sehr wohlwollend betrachtet. Immerhin investierte er viel Geld in das Land. Dazu gehörte unter anderem auch das in Khartum 2009 eröffnete 5-Sternehotel Chorinthia, gelegen am Ufer des

Blauen Nils. Das futuristisch anmutende Gebäude war dem trapezförmigen Segel einer Dhau nachempfunden und bildete mit der ovalen Fassade das moderne Landmark der Hauptstadt. Nicht zuletzt dürften sich Gaddafi und Umar al-Baschir auch ideologisch gut verstehen. Da durfte man sich sicher sein.

In den 1960er und 70er Jahren ging es in Khartum sehr offen zu, habe ich mal in einer Reportage auf BBC gesehen. Es soll ein Nachtleben gegeben haben, vergleichbar mit dem heutigen Dubai oder Beirut. Da gab es Modegeschäfte mit allen möglichen Luxuslabels, Delikatessengeschäfte mit französischem Käse, gute Restaurants und Nachtclubs mit einer sehr lebendigen, international bekannten Jazzszene. Viele Ausländer lebten in diesen Jahren in Khartum - betrieben Handel, vor allem Griechen, Italiener und Armenier.

Nichts war mehr davon zu sehen. 1983 wurde Jaafar Nimeiri zum Präsidenten gewählt. Er führte die Scharia ein und soll die Alkoholbestände der Stadt mit Lastwagen an den Nil geschafft haben, um sie darin zu versenken.

ÄTHIOPIEN
Gonder, Sommer 2011

Gonder, nur ein paar Stunden mit dem Minibus von der sudanesischen Grenze entfernt, ist meine erste Station in Äthiopien. Zwei Monate Aufenthalt gab es im ehemaligen Abessinien für zwanzig Dollar. Mit dem günstigen Preis wollte die Regierung den Tourismus im Land etwas ankurbeln. Äthiopien hatte einiges zu bieten. Felsenkirchen, Paläste und Burgen abessinischer Herrscher vergangener Tage. Wenig erforschte Ethnien mit ausgefallenen Frisuren, großen Tellerlippen oder Körperbemalung. Und nicht zuletzt ist die Geschichte Äthiopiens eng verbunden mit der Rastafari-Kultur. Vor allem aber ist Äthiopien ein noch fast unentdecktes Land, abseits der globalisierten Touristenströme, was für mich den besonderen Reiz ausmacht. Leider gibt es keinen Zugang zum Meer. Der war mit der Abspaltung Eritreas 1993 abhandengekommen.

Angenehm kühl ist es in Gonder auf 2.200 Metern Höhe. Das tat gut, nach der quälenden Sommerhitze in der sudanesischen Ebene. Das Zentrum Gonders bildete der rechteckige Hauptplatz, um den sich ein paar ansehnliche ältere Häuser, kleine Cafés und Restaurants reihten. In der Ferne grüne bergige Landschaft. Vor gut zweihundert Jahren war Gonder sogar Hauptstadt des

Landes. Es gab einige alte Paläste und Kirchen und somit auch eine Handvoll Touristen. Das war nicht schlecht, konnte man sich bei den vielen neugierigen Blicken auch als Weitgereister fast etwas fremd fühlen. Dennoch spürte ich ein Gefühl wiedererlangter Freiheit. Nach fünf muslimischen Ländern in Folge, ist das hier schon eine andere Welt. Plötzlich sind sie weg, die Kopftücher und Verschleierungen. Das wachsame Auge Allahs war verschwunden. Das fühlte sich erst mal gut an.

Äthiopien ist das einzige Land in Afrika, das nie zu einer echten Kolonie wurde. Italien hatte sich unter Mussolini mal kurz versucht. Die Idee war ein zusammenhängendes Länderkonglomerat am Horn von Afrika. Aber bereits nach sechs Jahren strich man die Segel. Mit Eritrea und Somalia hatte man seinerzeit genug zu tun.

Der Äthiopier gebärdet sich wild und unverfälscht. Ein Faranji, so nennt man uns Europäer hier in Äthiopien, kann schnell mal neugierige, gar böse Blicke auf sich ziehen. Dafür brauchte man nicht in abgeschiedene Stammesgebiete zu fahren. Bisweilen konnte es auch vorkommen, dass ein Stein geworfen wurde, um einen Fremden zu verjagen. Immerhin durfte ich binnen weniger Tage einige Male Zeuge dieses Urinstinkts werden. Fahrradfahrer bloggen in den Overland-Radfahrerforen empört über die Steinewerfer vom afrikanischen Horn. Ein Schweizer Radler soll vor einigen Jahren sogar ums Leben gekommen sein. Auch die Allrad-Kollegen mit den teuren Jeeps beklagten sich über diese seltsame Form der Gastfreundschaft. Zerstörte Fensterscheiben und andere Blessuren am Fahrzeug waren keine Seltenheit.

Der Äthiopier trinkt gerne Bier, raucht dafür aber auffallend wenig. Das war bemerkenswert, gerade wenn man aus Ägypten oder dem Sudan kommt, wo eigentlich alle Männer überall und ständig rauchen. Gestern war ich in einem dieser vielen Biergärten der Stadt, in dem um die hundert Männer bei Bier in großen Gläsern saßen. Ich beobachtete das Treiben über Stunden, und keiner rauchte eine Zigarette oder sonstiges. Rauchen gilt in Äthiopien als uncool und schwach, ließ mich mein Tischnachbar Amanuel, ein Englisch sprechender Geschäftsmann aus Addis Abeba wissen. Nur wer sich nicht unter Kontrolle hat, raucht, betonte er. Das gefiel mir, hatte ich mir doch vor Kurzem das Rauchen abgewöhnt. Das wäre doch mal ein Werbeslogan für eine westliche Antiraucher-Kampagne: "Rauchen ist uncool – nur wer sich nicht unter Kontrolle hat, raucht!"

Kaffee ist sehr beliebt, der soll ja ursprünglich aus Äthiopien kommen. Cappuccino und Macchiato allerorts, aus großen aufschäumenden Apparaten, oft in schönen stilsicheren Tassen. Ein Überbleibsel der kurzen italienischen Besatzung. Birr nennt sich die einheimische Währung, und erstaunlich preiswert ist es hierzulande. Im Biergarten ist der halbe Liter Bier schon für umgerechnet 25 Cent und die große Pizza Margarita für einen Euro zu haben. Da freute sich jedes Portemonnaie. Zumindest wenn es aus der Ersten Welt kam. Äthiopien ist ein sehr armes Land. Der Durchschnittslohn kann nicht beziffert werden, las ich auf einer Internetseite - da es diesen nicht gibt. Viele arbeiteten nur fürs Essen und einen Platz zum Schlafen. Private Verkehrsmittel sind selten und werden mit über 200 Prozent besteuert. Nur fünfzehn Millionen, der etwa 95 Millionen umfassenden Bevölkerung sind Städter. Davon leben rund sechs Millionen in der Hauptstadt Addis Abeba, der immerhin viertgrößten Stadt Afrikas.

Das einheimische Essen fand ich sehr gewöhnungsbedürftig. Injera ist Hauptbestandteil jeder Mahlzeit. Ein recht aufwändig, über einen Zeitraum von drei Tagen hergestelltes Sauerteigbrot, mit penetrantem Geruch, das aussieht wie ein gebügelter Pansen und gleichzeitig auch als Teller dient.

In Äthiopien gibt es die aufdringlichsten und hartnäckigsten Schlepper, die ich je auf meinen Reisen erlebt habe. Ich hatte davon schon im Vorfeld gehört, hatte es mir aber nicht so schlimm vorgestellt. Schon während meiner Ankunft, auf dem Weg zum Hotel, wurde ich von einem ausgeguckt. Sofort in Beschlag nehmen, lautete das Motto in diesem Teil der Welt. Dem Opfer keine Zeit für Investigationen lassen. Man sei jetzt Eigentum, die Konkurrenz hat sich fernzuhalten. "Ich weiß, dass ich nerve, aber das ist mein Job." So formulierte es mein neuer ungewollter Freund. "Wenn ich es nicht tue, tut es ein anderer!" Das war schon sehr speziell.

Selbst wenn man nicht mit seinem neuen, ungeliebten Freund spricht - ihn quasi bis auf das Letzte ignoriert -, bleibt er in sicherer Nähe, damit ihm kein Geschäft durch die Lappen geht. Er ist omnipräsent, verfolgt und wartet geduldig vor dem Hoteleingang. Er kann auch schnell mal böse werden, wenn man seine Hilfsbereitschaft nicht in Anspruch nehmen möchte. Er schiebt sich zwischen jede Transaktion um seinen Anteil abzuzweigen. Selbst in der örtlichen Post wartet er in der Nähe des Schalters, um plötzlich einzugreifen - und das beim Kauf einer Handy-Simkarte. Ja, er kommt sogar mit in die Bar und bezahlt, wenn auch etwas widerwillig sein eigenes Bier. Das Opfer wird keinen Zentimeter von der Leine gelassen. Daran musste ich mich erst mal gewöhnen.

Als ich dann, gegen Ende der ersten Nacht, meinem Stalker mit dem biblischen Namen Salomon, noch mal in Ruhe erklärte, dass ich wirklich keinen Nerv mehr für ihn hätte und ich alleine sein wollte - erwiderte er ohne die geringsten Anzeichen des Einsehens: "Kein Problem!" Er wüsste da etwas Passendes, er will es mir zeigen. Es sei ein ruhiges Lokal und würde mir sicherlich gefallen!

ÄTHIOPIEN
Harar, Sommer 2011

Harar - eine tausendjährige Stadt im islamischen Osten Äthiopiens. Für äthiopische Muslime ist die Stadt am Horn von Afrika, nach Mekka, Medina und Jerusalem, der viertheiligste Ort der Welt. Die einst für Ungläubige verbotene Stadt ist immer noch von der alten Mauer umgeben, die sie einstmals vor dem christlichen Einfluss schützen sollte. Sechs Tore gewähren auch heute noch Einlass und über hundert Moscheen soll es in Harar geben. Ein großer Teil der 100.000 Einwohner zählenden Bevölkerung sind Flüchtlinge des nicht weit entfernten krisengeschüttelten Somalia.

Wichtigstes Handelsgut ist Kath, eine Pflanze, deren Blätter vor allem von den Männern in der gesamten Region, sprich Jemen, Djibouti, Eritrea und Somalia, wie Kaugummi gekaut wird. Kath hat eine stimulierende, weniger eine halluzinogene Wirkung, ähnlich wie Koka, und macht die Leute auch gerne mal etwas verrückt und aggressiv. Die Blätter sehen aus, wie die von einem Benjamin, unserer beliebten Wohnzimmerpflanze - und schmecken auch so!

Der Franzose Arthur Rimbaud verbrachte Ende des 19. Jahrhunderts mit einigen Unterbrechungen die letzten zehn Jahre seines abenteuerlichen, aber wohl auch traurigen Lebens, (Einst, wenn ich daran denke, war mein Leben ein Fest) in Harar. Der frühreife Rimbaud, der bereits mit sechzehn Jahren seine erste gefeierte Schrift veröffentlichte, gilt heute als einer der einflussreichsten Dichter des 19. Jahrhunderts. Rimbaud (Ich, ist ein Anderer) galt als schwierig und rebellisch.

Ein ruheloser Lebensexperimentierer, ewig auf der Suche nach Ekstase, ohne Rücksicht auf Verluste. In seinen Dichtungen sucht er in seiner kurzen Schaffensperiode wie von Sinnen nach Visionen und Lebensanleitungen, die ihn irgendwann überwältigen (Das Leben ist die Posse, die alle spielen müssen). Ohne Angaben von Gründen hört er bereits im Alter von zwanzig Jahren zum Entsetzen seiner Gefolgschaft auf zu schreiben und zieht hinaus in die Welt. So begann die Legende Arthur Rimbaud.

In seinen rastlosen Wanderjahren kämpft er als Söldner für die Holländer in Indonesien, desertiert, wird Baustellenaufseher in Zypern, arbeitet in einem Zirkus irgendwo in Skandinavien, plündert vor Suez gestrandete Schiffe, später wird er Kaffee- und Waffenhändler in Abessinien. 1880 reitet er drei Wochen lang auf einem Maulesel durch die somalische Wüste ins selbstgewählte Exil – der damals für Christen verbotenen Stadt Harar. Er war nicht besonders beliebt und gilt noch heute, gut hundertzwanzig Jahre nach seinem Ableben unter vielen Hararis als Spion.

So erzählt es mir zumindest Tesfaye, der Leiter

des kleinen Rimbaud-Museums, das versteckt in einer der unzähligen Gassen der Altstadt, nicht weit vom alten Fleischmarkt steht. Rimbaud hat das Leben nicht ausgehalten. Nicht einmal, als es schön war. Auch in Harar konnte er sein brennendes Herz nicht besänftigen, so Tesfaye. Im Jahre 1891 stirbt Rimbaud an Krebs in Marseille, obwohl erst siebenunddreißig, physisch und geistig jedoch weitaus älter – als jemand, der sich überlebt hatte.

Die Altstadt von Harar hat ihren Reiz nicht verloren. Eng, riechend, schief, dunkel. Die Frauen backen Injera, Brot und Grundnahrungsmittel, säuerliche und flache, unappetitlich aussehende Lappen, über dem Feuer. Der Hyänenmann von Harar ruft allabendlich nach Einbruch der Dunkelheit die gierigen Aasfresser beim Namen, um sie mit Fleischabfällen zu füttern. Große, kräftige und respekteinflößende Kreaturen! Nicht besonders schön anzusehende Geschöpfe mit einem auffällig unterwürfigen Gang. Leprakrüppel kauern in den engen Gassen, es gibt sogar ein eigenes Dorf nur für Leprakranke vor einem der Stadttore.

Streunende Hunderudel bekläffen sich Nacht für Nacht, pausenlos, bis hin zum Morgengrauen. Jede Nacht das gleiche Konzert. Wie viele Jahrhunderte zuvor schwirren die Fliegen um das Fleisch der Metzger, fressen die Ziegen den Dreck der Straße, urinieren die Esel aufs Pflaster. Die unzähligen Bettler bestöhnten tagein, tagaus ihr Schicksal. Gibt es eigentlich noch Schlimmeres, als von acht aggressiven, hungrigen und zerlumpten Bettlerkindern umringt zu sein, die nicht von einem lassen wollen?

Kath an jeder Ecke, Heilmittel, um es auszuhalten - oder doch nur Gewohnheit? Überall liegen sie herum, die zugedröhnten Körper, als wären sie von einem Maschinengewehr niedergemäht worden. Schön aber der Blick auf die Oromo-Frauen, die von den umliegenden Dörfern zum Markt kommen. Auf dem Rücken der Nachwuchs - an Armen und Hals klimpernder Schmuck.

Übrigens, auch wenn ich im Leben gerne jede Erfahrung und jedes Experiment mitnehme. Den Kathrausch habe ich mir nach einigem Überlegen erspart. Nicht, dass es mich nicht interessiert hätte. Aber eine halbe Plastiktüte eklig schmeckender Blätter zu kauen, diese fein mit den Zähnen zu einem Brei zermalmen, um sie dann unwillig runterzuschlucken – das hatte mich dann doch zu sehr an einen Koala-Bär erinnert!

ÄTHIOPIEN
Moyale, Sommer 2011

Das Ende von Äthiopien. Moyale im Süden, rund 25.000 Einwohner. Ein geteiltes Grenznest, eine Hälfte äthiopisch, die andere, noch staubigere Hälfte, kenianisch. In der Mitte gibt es einen Holzbalken als Grenzmarke. Jeder lebt mehr oder weniger auf seiner Seite. Und das, obwohl es unter den Moyalern, bei Vorzeigen des Personalausweises freien Grenzverkehr gibt. In wenigen Tagen findet ein gemeinsamer Jugendmarathon statt, verkünden Lautsprecher und ein über die Hauptstraße gespanntes Spruchband. Verbinden soll er die beiden Völker!

Die Kenianer kommen öfter auf die äthiopische Seite als umgekehrt, sagt mir mein neuer geschäftstüchtiger Freund während einer Tasse Kaffee. Es ist um einiges billiger dort. Vor allem das Benzin und die Prostituierten, lacht er. Ansonsten haben sich beide Völker nicht allzu viel zu sagen. Der Äthiopier gilt dort als rückständig – der Kenianer hier als schwarz! Man macht sich gerne über den anderen lustig. Das ist nicht unbedingt böse gemeint, sondern man empfindet sich eben anders. Warenaustausch zwischen den beiden Ländern gibt es nur wenig.

Die Straße von der äthiopischen Grenze, Richtung

Nairobi ist bekannt als eine der schlechtesten Straßen in Ostafrika. Für die knapp zweihundert Kilometer nach Marsabit, dem nächsten staubigen Kaff, sind gut zehn Material zehrende Stunden fällig. Vor kurzem trieben in dieser Gegend noch Banditen ihr Unwesen. Wenn man Pech hatte, wurde einem bis auf Unterhose und Socken alles abgenommen. Auch heute geht es immer noch im bewaffneten Konvoi durch die rote nordkenianische Wüste.

Hier und da trabt mal ein Strauß über die Piste, noch öfter sieht man so etwas wie Zwergantilopen, kaum größer als ausgewachsene Feldhasen. Auch Giraffen, und was wir sonst noch so aus den alten Daktari-Filmen kennen, soll es hier reichlich geben. Die Eingeborenen sind auffällig bunt gekleidet, mit Speeren und schwerem, noch bunterem Halsschmuck. Einige von ihnen sind recht groß gewachsen. Sind aber keine Massai, lässt mich mein Sitznachbar wissen, die leben weiter im Süden des Landes. Zweiundvierzig verschiedene Stämme soll es geben, in Kenia. Jeder Stamm mit anderen Gesichtern, anderen Sprachen.

Schon an der kenianischen Immigration, am Holzbalken, lauern meine neuen Freunde auf mich. Die kenianischen Grenzer rufen uns noch hinterher: "Lasst den Mzungo (so nennt man uns hier) in Ruhe!" Eilig erhöhe ich mein Schritttempo, um die Bande abzuschütteln. Ein verstohlen dreinblickender hagerer Kerl mit einem langen Wickelrock bleibt besonders hartnäckig.

Er möchte mir unbedingt das Busticket nach Marsabit besorgen. Er habe mich schon auf der äthiopischen Seite von Moyale begrüßt. Ich werde mich doch noch an ihn erinnern? Ein schlichter ungewollter Gruß wird in diesen Breitengraden anscheinend schon als Vertrag gesehen! Im selben Moment kommt ein zweiter kleinerer, etwas gedrungener Schlepper freudestrahlend wie ein alter Bekannter von vorn auf mich zugelaufen und signalisiert dem Hageren, dass er verschwinden solle. Er würde mich nämlich schon von gestern kennen. Die beiden kriegen sich in die Haare, während ich weiter versuche, Richtung Bushaltestelle zu entkommen. Andere hungrige Schlepper, die die Witterung aufgenommen haben, werden von den beiden Streithähnen energisch in die Schranken gewiesen. Kein Platz für Nebenbuhler. Der Kleinere meint plötzlich, als er merkt, dass der Hagere nicht so ohne Weiteres das Feld räumen würde, er habe mir das Ticket vorsichtshalber schon mal besorgt. Ihm wäre doch klar gewesen, dass ich nach Marsabit wolle, grinste er. Langsam wurde mir schwindelig.

Der Hagere tauchte übrigens vor meiner Abfahrt am nächsten Morgen nochmals auf. Hartnäckig klopfte er drohend und fordernd an die Fensterscheibe des Busses. Ich würde ihm noch Geld schulden!

KENIA

Marsabit, Sommer 2011

Nach aufreibender Fahrt endlich im staubigen Marsabit angekommen. Asphalt gibt es hier noch nicht. Marsabit ist die erste größere Siedlung in Kenia, wenn man vom Norden aus Äthiopien kommt.

In einem Konvoi ging es mit fünf umgebauten Lastwagen und einer Polizeieskorte über die harte bodenwellige Straße durch den feinen roten Wüstensand. Banditen trieben in dieser trostlosen Gegend ihr Unwesen. Mittlerweile soll es wieder etwas sicherer sein. Das Fahrzeug wurde in kurzen gleichförmigen Intervallen dermaßen durchgerüttelt, oder besser gesagt durchvibriert, dass ich fast die ganze Fahrt über meine Brille absetzen musste. Mit einer Hand stabilisierte ich mein Gemächt, während ich mich mit der anderen am Sitz oder irgendwelchen Stangen festhielt. Ich hoppelte im Sekundentakt vom Sitzplatz auf und ab, während der durch die Fahrt aufgewirbelte Staub, trotz geschlossener Fenster und Türen, am Eindringen ins Fahrzeuginnere nicht aufzuhalten war. Die Sicht betrug kaum noch zwei Sitzreihen. Welch ein Spektakel!

Es standen Wahlen an in Kenia. Das war jeder Tageszeitung, jedem Fernsehkanal zu entnehmen. Wahlen sind in Afrika eine äußerst komplizierte Angelegenheit, versicherte mir James, den ich in Marsabit im Jey-Jey Centre, dem Overlander-Treff des Ortes kennenlernte. James war ein enger Leibwächter des kenianischen Präsidenten Kibaki. In dem kleinen Provinznest war der Teufel los, alle Hotels waren belegt. Um ein Haar hätte ich auf der Straße schlafen müssen. Das Staatsoberhaupt sollte am Nachmittag in Marsabit zwischenlanden, um den Bau der neuen Straße nach Moyale zu verkünden. Ein fünfjähriges Projekt, das endlich für Asphalt zwischen den beiden Ländern sorgen sollte.

Wahlen in Afrika waren das Lieblingsthema des ansonsten eher ruhigen James. Liegt wohl auf der Hand, bei dem Arbeitgeber?! Sie müssen genauestens geplant werden und können schnell in einem Bürgerkrieg enden, referierte er mit Inbrunst. Eine Präsidentschaftswahl ist oft tragischer als eine schlechte Amtsperiode. Die Menschen in Afrika fürchten sich vor der Wahl. Wahlen bringen oft Schrecken und Ungewissheit. Wahlen in Afrika sind vollkommen anders, können mit denen im Westen in keinster Weise verglichen werden, so James. Der Verlierer einer Wahl in Afrika wird nie klein beigeben und wird alles versuchen, diese anzuzweifeln. Das ist immer so gewesen! Selbst dann, wenn die Wahl für afrikanische Verhältnisse halbwegs demokratisch und korrekt verlaufen ist.

Die letzte Wahl in Kenia, im Jahre 2002, sorgte für viel Unruhe im Land und führte das Land an den Rand des Ruins. Auch die Touristen blieben aus. Vor allem solche, die dreihundert Dollar am Tag für eine Safari zahlen. Schon jetzt beschwören die Medien kollektiv ein Szenario, was denn alles passieren könne. Experten schlagen deshalb vor, die Wahl vorsichtshalber noch mal um ein Jahr aufzuschieben, der Sicherheit und der Wirtschaft wegen.

UGANDA

Busia, Herbst 2011

Busia nennt sich die kleine Grenzstadt Ugandas, wenn man von Kenia rüberkommt. Der Grenzübertritt war unproblematisch. Drei Monate für fünfzig Dollar, wie schon zuvor in Kenia. In Tansania soll es genauso sein - so eine Art Einheitspreis in diesem Teil Afrikas. Kein Tourist weit und breit. Welch ein Unterschied zu Südostasien, wo manchmal Hunderte von uns in brütender Hitze auf den Einreisestempel im Pass warten!

Haupteinnahme Busias ist der Handel und Grenzverkehr mit dem einflussreichen Nachbarn Kenia, der in dieser Region den Ton angibt. Von hier aus sind es noch ungefähr hundertfünfzig Kilometer nach Kampala, der ugandischen Hauptstadt. Ich wartete auf die Abfahrt in einem der alten Mazda-Minibusse. Es war noch genug Zeit. Ich setzte mich in Sichtweite des Busses, in dem sich schon mein Gepäck befand, auf einen der Plastikstühle. Ich gönnte mir eine Flasche ugandisches Bellbier, um meine Ankunft ein wenig zu feiern. Friedlich wirkte es hier. Viel billige bunte Tupperware und Fisch aus dem Victoriasee werden in diesem kleinen Marktflecken feilgeboten. Die Menschen wirkten wesentlich entspannter als im kenianischen Kisumu, wo ich die gestrige Nacht verbrachte. Laut meinen Informationen soll Uganda mit eines der sichersten Länder in dieser Region sein. Und das war gut so, nach den kenianischen Wochen, wo jeder Ausflug nach Sonnenuntergang logistisch präzise geplant werden musste.

Warum sich Gewalt und Verbrechen in Uganda - im Vergleich zum Nachbarn Kenia – für afrikanische Verhältnisse auf einem halbwegs normalen Level befinden, lässt sich eigentlich nur durch die Schreckensdiktatur Idi Amins, der in der Geschichts-schreibung häufig als der "Schlächter von Uganda" beschrieben wird, erklären. Idi Amin regierte das Land von 1971 - 79 mit eiserner Faust.

Über 350.000 Ugander sollen laut Schätzungen von Menschenrechtsorganisationen in den acht Jahren der Terrorherrschaft ihr Leben gelassen haben. Viele auf grausamste Weise zu Tode gefoltert, vor allem Intellektuelle und politische Gegner. Diktatoren haben schon immer eine besondere Schwäche fürs Foltern gehabt. Amin war nicht anders, besonders die Zigarettennummer hatte es ihm angetan. Die ging folgendermaßen: Das Opfer wurde gefragt, ob es denn eine Zigarette rauchen möchte. Auch wenn das Opfer, in diesem Falle ein Mann, verneinte oder nichts sagte, musste er seinen Penis auf den Tisch legen. Dieser wurde mit einer Machete abgehackt und ihm dann in den Mund gestopft, bis er erstickte. So beschreibt es eine Quelle im Internet. An einer anderen Stelle heißt es sinngemäß: "Da die Helfer mit dem Gräberschaufeln nicht mehr hinterherkamen, wurden die Leichen oft den Krokodilen zum Fraß vorgeworfen".

Uganda

Bei offiziellen Anlässen wollte er wie folgt vorgestellt werden: "Seine Exzellenz, Präsident auf Lebenszeit, Feldmarschall Al Hadji Doktor Idi Amin Dada, Träger des Victoria-Kreuzes, des Militärkreuzes, Herr aller Kreaturen der Erde und aller Fische der Meere und Eroberer des britischen Empires in Afrika im Allgemeinen und Ugandas im Speziellen - und Professor für Geografie!"

Nach dem Schrecken kam die Ruhe, zumindest was gesellschaftliches Zusammenleben und Sicherheit betrifft. Ein ähnliches Phänomen lässt sich derzeit auch beim kleinen Nachbarn Ruanda beobachten. Der kaum hundert Tage währende Genozid - im Jahre 1994 an den Tutsis - mit zirka 900.000 Toten, hat auch dort die Menschen wieder zusammenrücken lassen. Heute sieht man Ausländer in Uganda mehr als sonstwo in Ostafrika. Nach der Ära Amin wurden sie mit vielen Vergünstigungen und Zugeständnissen zurückgeholt. Viele Inder, aber auch auffällig viele Europäer, sieht man in den modernen klimatisierten Einkaufszentren Kampalas. Sie bestimmen heute zum großen Teil die Geschicke des Landes.

Idi Amin hat es sich übrigens bis zu seinem Lebensende 2003 mit dem Geld seiner Landsleute bei unseren saudischen Freunden gemütlich gemacht. Schon seit geraumer Zeit verleben Diktatoren außer Dienst in dem konservativen Wüstenstaat gerne ihren Ruhestand - muss wohl am guten Klima liegen!

UGANDA
Kampala, Herbst 2011

Uganda - Ursprung des weißen Nil. Zusammen mit dem Blauen Nil aus dem äthiopischen Tana-See kommend, bildet er die Quelle für den langen Strom, der über den Sudan und Ägypten ins Mittelmeer mündet. Das kleine, fruchtbare Land mit den vielen Bergen und Seen ernährt knapp dreißig Millionen Einwohner. Das Bevölkerungswachstum ist, wie in vielen anderen Drittweltländern, furchterregend. Auch hier gilt leider die Faustregel: wenig Bildung und Armut, viele Kinder. Selbst wenn man sie kaum ernähren kann. Ein Teufelskreis.

Eine ernst zu nehmende Einnahmequelle Ugandas ist der Gorillatourismus. Im südwestlichen Grenzgebiet zu Ruanda und der Demokratischen Republik Kongo, dem ehemaligen Zaire, tummeln sich noch etwa dreihundertvierzig der letzten Berggorillas Zentralafrikas. Fünfhundert Dollar plus Spesen muss man auf den Tisch legen, um die Nachfahren von King Kong eine Stunde lang erleben zu dürfen. Und die Besucherlisten sind lang, nur wenige Neugierige pro Tag sind erlaubt.

Deutlich zu teuer für ein paar Affen dachte ich, und habe mein Geld lieber in soziokulturelle Projekte - kurz in die nächtliche Infrastruktur - des freundlichen

Landes investiert. Das schien mir aufregender. Amtssprache in Uganda ist übrigens Englisch. Erstaunlich, wie oft ich auf meinen nächtlichen Safaris von Einheimischen angesprochen wurde, ob ich denn nicht mal ein Bier ausgeben könne. Im Fünfminutentakt und nicht selten mit einer erstaunlichen Hartnäckigkeit. "Buy me a beer" – ohne ein einleitendes Hallo oder Lächeln. Daran musste ich mich erst mal gewöhnen.

In einer Bar mit dem Namen "Cayenne" wurde ich vorgestern von einer wildfremden Frau angesprochen, ob ich ihr 20.000 Shilling (ungefähr sieben Dollar) geben könnte. Ihre Schwester hätte morgen Geburtstag, und sie möchte ihr ein Geschenk kaufen?! Ich sagte ihr, dass ich ihr auf keinen Fall auch nur einen Schilling geben würde, worauf sie lapidar antwortete: "Why not, you're a rich westerner and you have enough money!" Damit hatte sie natürlich recht, was mich aber nicht überzeugte. Das war mir dann doch etwas zu pragmatisch gedacht. Erst nach gut fünfzehn Minuten weiterer Diskussion ließ sie von mir ab. Ihre Freundin, die etwas später dazustieß, stand mir glücklicherweise bei, woraufhin sich die beiden in die Haare bekamen. Zeit für mich das Weite zu suchen. Solche und artverwandte Kapriolen waren nicht unüblich in Schwarzafrika – überraschten mich aber immer wieder aufs Neue. Aber dafür war ich ja schließlich unterwegs.

Kampala heißt die lebendige Hauptstadt Ugandas und soll einst, wie die ewige Stadt Rom, auf sechs Hügeln erbaut worden sein. Die mittlerweile eineinhalb Millionen Einwohner zählende Metropole hat sich in den letzten Jahren flächenmäßig derart erweitert, dass es heute mindestens zwei Dutzend Hügel sein dürften. Ugander sind, wenn man sich nicht gerade in zwielichtigen Bars aufhält, sehr entspannt im Umgang mit Ausländern. Man kann den ganzen Tag durch Kampala spazieren, ohne belästigt zu werden. Abgesehen von einigen der Boda-Boda-Fahrer (Mopedtaxis), die an jeder Straßenecke auf Kundschaft lauern. Auch die veranschlagten Preise für Dienstleistungen und Sonstiges sind meist korrekt, ganz anders als in Äthiopien, wo der kleine versteckte Betrug fester Bestandteil des täglichen (Über)Lebens ist!

Uganda ist für schwarzafrikanische Verhältnisse ein recht sicheres Reiseland. Eine Wohltat, wenn man vom großen Nachbarn Kenia kommt, wo jedes Haus, jedes Hotel optisch einer Festung gleicht. In Kisumu, unweit der ugandischen Grenze am Victoriasee, der drittgrößten Stadt in Kenia, wollten die Boda-Boda-Fahrer nachts nicht mehr ihren Dienst verrichten. Es war ihnen nicht mehr sicher genug. An meinem ersten Abend in Kisumu wollte ich ausgehen, in eine Bar mit dem zweideutigen Namen "Octopussy", deren Beleuchtung ich von meinem Hotel aus gut sehen konnte. Keine hundert Meter entfernt. Mir wurde vom Hotelpersonal eindringlich geraten, ein Taxi zu nehmen, dabei war es grad mal acht Uhr am Abend. Der kenianischen Hauptstadt, die laut des renommierten Reiseautors Paul Theroux gefährlicher sein soll als das nigerianische Lagos oder das südafrikanische Johannesburg, hatte man den liebevollen Spitznamen "Nairobbery" gegeben.

UGANDA
Kabalagala, Herbst 2011

Im Ethiopian-Village im Stadtteil Kabalagala verbrachte ich viel Zeit, während meines doch länger als gedachten Aufenthaltes in Kampala. Es war so was wie ein besseres Restaurant, von einer hohen Mauer umgeben, mit vielen Tischen. Das Ganze offen und luftig mit viel Holz, eine Art schwarzafrikanischer Landhausstil, wie man es in diesem Teil der Welt häufiger sieht. Hier konnte man sich gut zurückziehen, wenn man mit dem ganzen Chaos da draußen nichts zu tun haben wollte.

Im Ethiopian-Village zeigten sie jeden Tag die langweilige Premier League und wenn nicht gespielt wurde, die Wiederholungen vom Wochenende. Es gab mehrere Fernseher, die in verschiedene Richtungen in käfigähnlichen Konstruktionen an der Decke montiert waren. So konnte jeder von seinem Sitzplatz aus, sein gewähltes Spiel schauen - so was wie eine afrikanische Fußball-Konferenzschaltung. Wenn ein Tor in einem anderen Spiel fiel, konnte man schnell aufstehen, hinrennen, jubeln oder die Hände über den Kopf zusammenschlagen. Immer wenn Manchester United spielte, war der Laden brechend voll. In der globalen Vermarktung des beliebtesten Ballspiels hatten die Engländer schon seit Jahren die Nase vorn. Man muss sich schon manchmal wundern, wie viele Kids heutzutage in den Drittweltländern in Chelsea-T-Shirts herumlaufen. Ein Plastikklub, wie man heute so schön sagt, den vor ein paar Jahren kaum jemand kannte!

Neben Chelsea und ManCity, war ManU schon seit einer ganzen Weile meine neue Hassmannschaft. Ist es nicht furchtbar, wenn alle die gleiche Mannschaft gut finden, bloß weil die meistens gewinnt? Wie schön müssen solch leicht zu beschaffende Erfolgsgefühle wohl sein - und wie lange halten sie an? Kollektive Identifikation ohne Reflexion hat mich schon immer gestört. Dann doch lieber Arsene Wengers FC Arsenal. Die verlieren ja ganz gerne mal seit letzter Zeit. Obwohl - wer steckte eigentlich finanziell bei den Gunners drin? Fußball war wie Bier trinken, da wusste man heutzutage auch nicht mehr, zu welcher Brauerei oder welchem Konzern die Marke gehörte!

Jeder Fußballromantiker kann bei den derzeitigen Entwicklungen auf der Insel nur hoffen, dass den Scheichs und Oligarchen, die sich dort breitgemacht haben, bald die Puste ausgeht. Damit das fragile, auf Pump finanzierte Kartenhaus Barclays Premier League endlich zusammenbricht und sich die Spielergehälter in Europa wieder etwas normalisieren. Michel Platini, der Präsident der Uefa, versucht ja schon seit geraumer Zeit, die Exzesse der europäischen Spitzenclubs einzudämmen. Leider ohne Erfolg.

Zu Rooney, Giggs und Konsorten gab es für mich

immer Arrosto. So eine Art äthiopisches Bratkartoffelgericht. Dünne goldbraune Scheiben mit ordentlich Zwiebeln und fast rohen Karottenstückchen, vermischt mit magerem Kleingeschnittenem vom Rind. Arrosto war eine gute Abwechslung zum hiesigen Matoke, ein fader Brei aus Kochbananen, der aber richtig satt macht und nicht viel kostet, und erinnerte ein wenig an die deutsche Heimat.

Das Ethiopian-Village hatte erst vor kurzem, während des WM-Endspiels 2010 (Spanien vs. Holland) traurige Berühmtheit erlangt, als die islamistisch motivierte somalische Al-Shabaab in der Halbzeit eine Bombe zündete und viele Menschen ins Jenseits beförderte. Genau genommen waren es drei Bomben in unterschiedlichen Stadtteilen, aber nur zwei zündeten. Der von den Shabaab-Milizen angeheuerte ugandische Täter soll, als er den Bombenkoffer abstellte, anscheinend doch noch Gewissensbisse bekommen haben und die tödliche Ladung nicht im Zentrum des Restaurants, sondern am Rand platziert haben. Sonst hätte es im Ethiopian-Village deutlich mehr Opfer gegeben.

Zwei Monate später, am 11. September 2010, wurde das Restaurant von der christlich-äthiopischen Besitzerin wiedereröffnet. Sie wollte vor dem Islam nicht kuschen und wählte deshalb bewusst das pikante Datum! Als Grund für den Anschlag in Kampala wird die hohe Truppenpräsenz Ugandas in Somalia genannt. Uganda hat unter dem Mandat der Afrikanischen Union 5.000

Soldaten in den somalischen Bürgerkrieg geschickt, was der Al-Shabaab anscheinend nicht so recht schmeckte.

REISEUNTERBRECHUNG
Auszeit vom Schwarzen Kontinent

Aus verschiedensten Gründen musste ich eine Auszeit von Afrika nehmen. Von Entebbe, dem Flughafen von Kampala, aus verließ ich den schwarzen Kontinent. Nur eine Unterbrechung meines Trips, um in einem Jahr die Reise an gleicher Stelle fortzusetzen und wie geplant auf dem Landweg in Südafrika anzukommen.

TANSANIA
Moshi, Frühjahr 2013

Nach einigen Wochen an der schwülen Kisuaheli-Küste in Kenia hat es mich in die kühlen Berge des nördlichen Tansania verschlagen. Es war an der Zeit, die Körpertemperatur etwas abzusenken. Vor dem Fenster meines Hotelzimmers in Moshi zeigt sich jeden Abend und manchmal auch am Morgen, wenn die Wolken der beginnenden Regensaison es erlauben, Afrikas größte Erhebung, der Kilimandscharo.

Was ist derzeit aktuell in Ostafrika? In Uganda ist man gerade dabei, den Minirock zu verbieten. Das zeigten sie heute Morgen in der afrikanischen Ausgabe der Deutschen Welle. Die Nichtbeachtung soll mit Gefängnis bestraft werden. Es war eine kleine Gruppe Frauen zu sehen, die mit Transparenten für den Erhalt des Kleidungsstückes protestierten. Die Wahlen in Kenia, das alles bestimmende Thema der letzten Wochen, sind relativ friedlich verlaufen. Kurz gesprochen, wenige Tote, keine brennenden Tankstellen. Uhuru Kenyatta, Sohn des ersten kenianischen Präsidenten Jomo Kenyatta (die kenianischen Kennedys), hat das Rennen gemacht. Uhuru ist ein Kikuyu, die mit rund zwanzig Prozent die größte Ethnie in dem knapp vierzig Millionen Einwohner zählenden Land stellen. Fast alle wichtigen Politiker rekrutieren sich seit der Unabhängigkeit Kenias aus diesem Stamm, worüber einige der verbleibenden einundvierzig Stämme nicht allzu glücklich sind. Uhuru hat seine Stimmen vor allem im zentralen Hochland in und um Nairobi geholt. An der muslimisch geprägten Küste (bei den letzten Wahlen das Epizentrum der Ausschreitungen mit 1.300 Toten) wurde anders gewählt.

Was sonst noch? Ach ja, in Tansania tragen die jungen Männer derzeit gerne Unterhosen mit Barak-Obama-Schriftzug. Der Hüftgummi mit dem Schriftzug linst dabei so zufällig aus der Hose hervor, wie ein Oberarm-Tattoo unter einem T-Shirt-Ärmel. Subtile Maßarbeit. Selbst Kekse mit dem Konterfei des ersten schwarzen Präsidenten der USA gibt es vor Ort zu kaufen. Musikalisch verehrt man hierzulande vor allem die schwarzen Macho-Hip-Hopper aus den USA, wie 50 Cents oder Snoop Dogg. Aus meiner Sicht kommt diesbezüglich der gute Jimi Hendrix etwas zu kurz, der war doch auch schwarz und sicherlich einflussreicher als irgend so ein dumpfer Gangster-Rapper. Aber mit Rock & Roll, sinnvolleren Texten oder Melodien hat man in Afrika wenig am Hut. Hier zählt einzig und allein monotoner Rhythmus und Bass, am liebsten völlig übersteuert. Je lauter, desto schöner. Es musste wehtun. Das Matatu (kleiner Sammelbus) muss vibrieren!

Stämme und Zugehörigkeit sind wichtig in Afrika. Einige von ihnen pflegen informelle Partnerschaften, zum Beispiel die Luos und die Kikuyos. Andere

Stämme hingegen mögen sich weniger. Quer geheiratet wird eher selten. Wie wichtig Zugehörigkeit ist, merkte ich auch beim Einchecken im Hotel Newcastle. Das Registrierungsformular fragte mich diesmal nicht nur nach Geburtsdatum und Reisepassnummer, sondern auch nach meiner Stammeszugehörigkeit.

Der Kilimandscharo ist mit 5.896 Metern der höchste Berg Afrikas und laut diverser Quellen auch der höchste freistehende Berg der Welt. Genau genommen ist er ja ein Vulkan. Der Gipfel hat seit seiner ersten Gletschermessung 1912 rund achtzig Prozent seines Eises verloren. Im Jahre 2020 soll das Haupt des Kilis bei den derzeitigen Entwicklungen wie Abholzung oder Erderwärmung eisfrei sein. So schreibt es zumindest der Lonely Planet in seiner neusten Ostafrika-Ausgabe.

Ganz in der Nähe, zwischen Arusha und Moshi, liegt der relativ neue KIA, der Kilimanjaro International Airport, um den Berg noch mehr zu promoten. Condor, Turkish Airlines und viele andere Fluggesellschaften fliegen heute von Europa nicht mehr direkt nach Mombasa, sondern machen einen Loop über den KIA. Der Kili ist Big Business. Die Besteigung ist nichts für Sparfüchse, gut tausend Euro muss man für eine vier- bis fünftägige Safari zum Gipfel ausgeben. Der höchste Berg Afrikas ist übrigens recht leicht zu besteigen, man kommt auch als Unerfahrener und ohne Sauerstoffmaske bis zum Gipfel. Vielleicht macht das ja den Reiz aus. Afrika lässt sich seine Sehenswürdigkeiten wie Nationalparks, Berge und die letzten Gorillas mehr als teuer bezahlen. Auch die Visagebühren auf dem schwarzen Kontinent sind Weltspitze. Aber die Rechnung geht nicht ganz auf. Eine Backpackerszene wie beispielsweise in Asien oder Südamerika hat sich in Afrika nie etablieren können, nicht mal ansatzweise.

Etwas gemütlicher habe ich es mir im 110.000 Einwohner zählenden Moshi vorgestellt. Es gibt unzählige Trekking-Büros, aber so gut wie keine Touristen. Dafür aber genügend herumlungernde Schlepper, die mit ihrer Hartnäckigkeit uns wenigen Mzungus (so nennt man uns in Afrika) das Leben schwer machen. Warum müssen eigentlich einige Menschen immer so aggressiv werden, wenn man ihre Dienste oder Waren nicht in Anspruch nimmt? Ich drangsaliere dich jetzt so lange, bis du mit mir auf den Kilimandscharo steigst. Ob so was manchmal funktioniert?

Schon kurz nach meiner Ankunft in Moshi sind mir die vielen Volontäre vor Ort aufgefallen. Meist junge Frauen, die gerne schnatternd (nicht selten mit einem schwarzen Liebhaber) im Union Café abhängen und dekadent Latte Macchiato für drei Euro aus stilsicheren Tassen schlürfen. Ich hab den Laden, der von jedem Reiseführer empfohlen wird, von Anfang an gemieden!

Schon seit Jahren gehen mir diese Sinnsuchenden auf die Nerven. Ständig lassen sie sich, man könnte fast meinen verzweifelt, mit kleinen Babys auf dem Arm ablichten, um die Fotos später zuhause im Bekanntenkreis aufgeregt herumzuzeigen. Fürchterlich. Meist sind Volontäre sowieso nur für wenige Wochen vor Ort, bis das Studium oder Sonstiges weitergeht. Können in der kurzen Zeit kaum etwas Sinnvolles verrichten. Eigentlich alles nur für die Biografie. Kurze Projekte ohne Nachhaltigkeit, um das Gewissen zu beruhigen. Moderner Ablasshandel. Das Geld, das dort von den Kirchen und sonstigen Organisationen verschwendet wird, könnte bei besserer Planung und Logistik viel effektiver eingesetzt werden.

Meine Zweifel gegenüber diesen philanthropen Menschen ist mental wahrscheinlich immer noch eng verbunden mit dem einschneidenden Erlebnis, das ich vor einigen Jahren in Kampong Cham, in Kambodscha, hatte. Eine junge Amerikanerin erzählte mir in einem Restaurant frohlockend von ihrer NGO und von den unnützen Befragungen, die sie mit einem einheimischen Dolmetscher in den Dörfern Kambodschas durchführe. Als mir nach zehn Minuten von dem Gerede etwas schwindelig wurde und ich mich verabschieden wollte, sagte sie: "Please wait", und referierte weiter. Zum Schluss sagte sie noch: "But that's not all, it's not that I really enjoy myself to help other people. Three weeks ago I became also a vegetarian!" Ich fühlte mich so schlecht, wieso war aus mir nie solch ein guter Mensch geworden?

TANSANIA
Tanga, Frühjahr 2013

Tanga, an der Küste Tansanias. Nach den halbwegs angenehmen Temperaturen am Kilimandscharo ist es hier am Indischen Ozean deutlich heißer und feuchter. Kein Reisender weit und breit. Die meisten Touristen besuchen dieses ostafrikanische Land ja vor allem wegen der weltbekannten großen Nationalparks wie Ngorongoro oder Serengeti und natürlich auch wegen Sansibar, der ehemalige Sklaveninsel, auf der Freddy Mercury geboren wurde. Bei Sansibar muss man als Deutscher immer an die Nordseeinsel Helgoland denken. An einen kolonialen Tausch mit den Engländern, den es eigentlich nie gab. Oder an "Sansibar oder der letzte Grund" von Alfred Andersch, ein schrecklich langweiliges Buch, das in meiner Jugend zur Pflichtlektüre jeder Oberstufe gehörte.

Schon während meiner Recherche in Deutschland kam mir die Idee, die kurze deutsche Kolonialgeschichte in Ostafrika um Carl Peters und Paul von Lettow-Vorbeck ein wenig unter die Lupe zu nehmen. In bewährter Manier sollte dabei nicht zu viel Zeit und Mühe investiert werden, sondern nur ein wenig Schauen und Ablichten, was nach knapp einem Jahrhundert an architektonischer Substanz überlebt hat. Tanga war für kurze Zeit die zweite Hauptstadt Deutsch-Ostafrikas, nach einem kurzen

Intermezzo in Bagamoyo, bevor man sich im Jahre 1905 in einem dritten Versuch, letztlich wegen der besseren natürlichen Voraussetzungen, zum Bau eines Hafens für das weiter südlich gelegene Dar es Salaam entschied.

Tanga ist eine überschaubare 250.000 Seelen Stadt. Heiß und schwül, mit breiten Straßen, Bürgersteigen und einem semikolonialen Ambiente. Es gibt noch ein paar Bauten aus deutscher Zeit, die aber nur schwer auszumachen sind, da man seinerzeit doch eher schlicht und günstig gebaut hat. Man darf nicht vergessen, dass es sich bei Deutsch-Ostafrika im ausgehenden 19. Jahrhundert zunächst nur um Interessen deutscher Kaufleute handelte und die neue Länderei von Bismarck erst nach langem Zaudern zur deutschen Schutzzone erklärt wurde. Insofern gibt es in Tanga nur wenig wilhelminischen Protz, sondern vielmehr funktionelle, oft unauffällige Nutzbauten. Es gibt einen Bahnhof, der aber nicht mehr in Betrieb ist, und die stillgelegte Bahnverbindung, die ins 1.200 Meter hoch gelegene Lushoto führt, dem ehemaligen Wilhelmstal. Dorthin verzogen sich unsere Urgroßväter, wenn es in Tanga zu warm wurde. Ferner stehen in Tanga noch das Hospital, einige bis zur Unkenntlichkeit modifizierte Hotelbauten (mit klangvollen Namen, wie beispielsweise das Kaiser-Hotel), der alte Uhrenturm und das Gerichtsgebäude, das wie das Hospital mit deutschen Fördermitteln vor kurzem renoviert wurde.

TANSANIA

Dar es Salaam, Frühjahr 2013

Seit einer knappen Woche verweile ich nun schon in Dar es Salaam. Ich wohne im Y.M.C.A., mitten im Zentrum der tansanischen Hauptstadt gelegen. Manchmal sind solch christliche Einrichtungen gar nicht so schlecht, insbesondere, wenn man Ruhe, Sauberkeit und Sicherheit sucht. Eine Malaria, die zweite in meinem mittlerweile über zwanzig Jahre andauernden Reiseleben, hat mich für einige Tage ans Bett gefesselt. Nach dem obligatorischen Bluttest habe ich mir ein paar Tabletten geben lassen und wartete auf die Wirkung. Der Ventilator quietscht über mir, immer im gleichen Rhythmus, beinahe schon wie eine richtige Melodie. Fieber und Erschöpfung drücken mich in die schweißfeuchte Matratze. Nicht unbedingt das allerschlechteste Gefühl. Manchmal erinnerte es an einen psychedelischen Rausch. Interessante bunte Bilder und viel Zeit zum Nachdenken.

Immer gegen zwölf Uhr mittags schleppte ich mich runter ins Erdgeschoss zur Kantine. Das war mein einziger gesellschaftlicher Berührungspunkt am Tag. Hier unten war zu den Essenszeiten immer ordentlich was los. Berge mit schmutzigem Geschirr und schwere Frauen, die nichts anderes taten, als körbeweise Kartoffeln zu schälen. Das Essen war günstig und die Portionen groß genug, um

Kundschaft draußen von der Straße anzulocken. Meist Leute aus den nahegelegenen Büros, manchmal auch junge westliche Volontäre. Wenn die letzten Tabletts weggeräumt wurden, war es für mich wieder Zeit, in mein Zimmer zu gehen. Ich lauschte dem Ventilator und wartete auf die Dämmerung.

TANSANIA
Morongoro, Frühjahr 2013

Nach einer fiebrigen Woche war der Spuk vorbei. Ich fühlte mich fast wieder fit. Hatte sogar etwas abgenommen. Das stand mir gut. Nach Morongoro sollte es gehen. Ungefähr zweihundert Kilometer westlich der Hauptstadt, gelegen am Fuß des Uluguru-Gebirges. Dort sollte es auch ein wenig kühler sein. In einer Pension mit dem Namen Mama Pierina wollte ich mich einquartieren. Davon hatte ich bereits in einem der Reiseführer in der deutschen Heimat gelesen.

Das Gasthaus war ziemlich abgewohnt und abendlicher Treffpunkt der Moskitos. Stand da in diesem Reiseführer nicht sogar, dass es hier Gyros geben sollte? Mama ist Griechin und annähernd fünfzig Jahre alt. Sie wurde geboren in Tansania und hat das Hotel von ihrer Mutter geerbt. Laut Mama Pierina soll es wohl gar nicht so wenige Griechen in Tansania geben. Die meisten sind in den 1940er Jahren gekommen, während der britischen Besatzungszeit und haben seinerzeit vor allem als Gleisbauer gearbeitet. So erzählte sie es mir heute Morgen beim Frühstück. Aber so genau wusste sie es auch nicht. Sie wollte es aber bei Zeiten nochmal im Internet nachschauen, da sie von ihren Gästen so oft danach gefragt wird.

23. April - heute Abend ist es endlich soweit. Deutschlands Rekordmeister um den Steuersünder Uli Hoeneß wird sich mit der wahrscheinlich besten Vereinsmannschaft der Welt messen. Dem 1. FC Barcelona. Leider ist Lionel Messi schon wieder fit, das verlauteten gerade die Sportnews im tansanischen Fernsehen. Schon seit der Auslosung des Champions-League-Halbfinales überlegte ich mir, welches denn ein geeigneter Ort in Tansania wäre, um dieses Event stilvoll zu begehen. Wie viele Bier und welche Sorte ich trinken werde, welches Hemd ich trage, welches Deo ich auflegen soll und welches meiner beiden Handys ich zum Angeben auf den Tisch lege.

Und jetzt das – wo soll ich es schauen? Morongoro erscheint mir trotz der über 200.000 Einwohner wie ein dunkles Dorf ohne Infrastruktur. Soll nach Einbruch der Dunkelheit alles andere als sicher sein. Und Mamas riesiger, über der Bar hängender Flachbildschirm, den sie von ihrem Sohn in Dar geschenkt bekommen hat, wird durch einen enormen Pixelfehler in zwei Bildhälften geteilt. Alles in bester Ordnung, oder wie man in diesem Teil der Welt zu sagen pflegt – Hakuna matata!

MALAWI
Karonga, Frühjahr 2013

Malawi ist ein kleines, dicht besiedeltes, rund zwölf Millionen Einwohner zählendes Land und wird in der Einleitung eines bekannten Reiseführers als das "Africa for Beginners" beschrieben. Lebensader des Binnenstaates ist der drittgrößte See Afrikas, der Malawisee. Auf der Ostseite liegend, zieht sich der See vom Norden bis fast ans südlichste Ende des Landes und bildet damit eine natürliche Grenze mit dem Nachbarn Mosambik.

Malawi ist arm, gehörte neben Äthiopien schon immer zu den ärmsten Ländern Afrikas. Vor gut drei Jahren haben sich die ohnehin schwierigen Spielregeln in Malawi weiter verschärft. Eine ökonomische Krise, hervorgerufen durch Korruption und Missmanagement hat das Land in eine tiefe, nachhaltige Depression geführt. Im Zuge der Inflation gibt es kaum Kaufkraft. Die Löhne für einfachere Arbeiten, beispielsweise die eines Kellners, liegen bei 10.000 Kwacha (etwa zwanzig Dollar) im Monat. Ein einfaches Essen kostet derweil 900 Kwacha, ein Liter Benzin 720 und ein großes Huhn um die 3.000 Kwacha. Umgerechnet arbeitet der Kellner also für weniger als einen halben Liter Kraftstoff am Tag. Seit gut einem Jahr führt eine Frau die Geschicke des Landes. Dr. Mrs. Joyce Banda. Alle hoffen seitdem auf Besserung.

Malawi

Meine erste Fahrt in Malawi war stilgerecht. In einem verbeulten alten mintgrünen Toyota-Van aus den späten 80er Jahren ging es nach den gewohnten Irreführungen von der tansanischen Grenze nach Karonga. Der ersten nennenswerten Stadt im Norden Malawis.

Der Toyota hatte die besten Tage lange hinter sich. Die Windschutzscheibe sah mit den vielen Rissen und Sprüngen aus wie ein Flussdelta auf einer Landkarte. Alles Erdenkliche an diesem Vehikel war defekt. Die Türen des Fahrzeugs, in dem sich manchmal gut und gerne zwanzig Leute befanden, konnten nur mit viel Geschick und Gefühl vom Fahrer selbst, und vor allem nur von innen geöffnet werden. Da gut alle fünfhundert Meter Fahrgäste aufgenommen oder abgesetzt wurden, musste sich unser Fahrer immer wieder aus seinem Cockpit schälen. Er verfügte über die notwendige Survival-Erfahrung, die man in diesem Geschäft mitbringen muss. Entwickelte mit Finesse immer wieder neue Sitzkonstellationen, um noch mehr Passagiere in das ächzende Vehikel aufzunehmen.

Fast jeder Fahrgast hatte jemanden auf dem Schoß oder zumindest auf dem Arm, die Fahrt musste sich schließlich rechnen. Benzin ist knapp in Malawi und fast doppelt so teuer wie beim Nachbarn Tansania. Aber immerhin wieder an den Tankstellen erhältlich. Das war in den letzten Monaten nicht immer so. Im Innern desFahrzeugs roch es, wie so oft in Afrika, nach schwerem

Schweiß. Meine Nase hat sich im Zuge der Reise schon fast daran gewöhnt. Alle paar Kilometer gab es nervtötende, lapidar durchgeführte Polizeikontrollen. Angeblich um den Schwarzmarkt in den Griff zu bekommen. Einer der Fahrgäste wurde bei solch einer Kontrolle wirsch aus dem Auto gezogen und festgenommen. Er hatte anscheinend keine Aufenthaltsgenehmigung.

Der Frau vor mir, mit dem kleinen Kind an der Brust, wurde plötzlich schlecht. Der Fahrtwind blies mir ihr Erbrochenes direkt ins Gesicht. Meine Mitinsassen amüsierten sich, verstummten aber schnell. Vorbei ging es an kleinen einfachen Dörfern, die nur aus dem Allernötigsten bestanden. Erstaunlich gut jedoch die Straße, auf der wir fuhren, sie passte so gar nicht zur restlichen Infrastruktur Malawis. Wahrscheinlich wieder irgend so ein krummer Deal mit den Chinesen. Wie in so vielen Ländern Afrikas. Rohstoffe und Premium Schürfrechte für Asphalt und chinesisches Know-How!

Das alte Samsung-Smartphone spielte noch ein paar getragene Stücke von Johnny Cash in mein Ohr, und nach drei Stunden Fahrt erreichte ich schließlich das fünfzig Kilometer entfernte Karonga. Die erste Stadt in Malawi – von Tansania kommend – mit einem kreditkartentauglichen Geldautomaten.

MALAWI
Mulanje, Frühjahr 2013

Von Mulanje war es nicht mehr weit nach Mosambik. Der frisch gemachte Highway M3 führte direkt durch den kleinen Ort. Sattelschlepper amerikanischer Bauart preschen rücksichtslos von Mosambik kommend nach Blantyre, dem wirtschaftlichen Zentrum, und wenn man so will, der einzig wirklichen Stadt im ländlich geprägten Malawi.

Seit meiner Ankunft in Mulanje habe ich immer wieder Einheimische vor Ort, mit denen ich zufällig ins Gespräch gekommen bin, gefragt, wie weit es denn noch wäre zur Grenze nach Mosambik. Die Angaben variierten zwischen einem und siebzig Kilometern. Gerne wurde die Entfernung zum Nachbarn auch in Zeiteinheiten beschrieben. So konnte die Fahrt zur Grenze zwischen zehn Minuten und fünf Stunden dauern. Einmal wurde die Distanz sogar anhand des Fahrpreises, in einem der vielen weißen Nissan-Minibusse evaluiert. Ungefähr zweihundert malawische Kwacha (sechzig Cents) weit weg liegt Mosambik, versicherte mir der gesprächige Kellner vom Rob-Willis-Restaurant. Nun ja, immerhin ein Wert, mit dem ich etwas anfangen konnte, wenn der Preis stimmte, sollten es nicht mehr als zehn Kilometer nach meinen Berechnungen sein!

So funktionierte Afrika. Alles war schemenhaft und neblig. Tugenden wie Genauigkeit, Beobachtungsgabe oder Pünktlichkeit haben sich in diesem Teil der Welt nie wirklich durchsetzen können. Eigentlich wollte ich die Entfernung zur Grenze nach Mosambik gar nicht wirklich wissen, es war nur ein Spiel, um mich zu unterhalten, dass sich verselbstständigte, ich hätte ja nur im Internet nachschauen müssen!

Schön war die Natur in Mulanje. Tee wird hier angebaut. Entsprechend viele Teefelder gibt es in der Umgebung. Neben Tabak sind Tee und Kaffee die wichtigsten Export-Erzeugnisse Malawis. Der kleine Ort wird dominiert vom Mount Mulanje. Mit 3.001 Metern Höhe der höchste Berg in der Region. Alles ist grün und saftig, mit einem herrlich milden Klima. Vorhin sah ich sogar ein Schild auf dem gefordert wurde: "Mt. Mulanje proposed World Heritage Site."

Außer Wandern gab es nicht allzu viel zu tun in Mulanje. Backpacker waren auch nicht in Sichtweite. Nur bei einem nachmittäglichen Imbiss im Nachbarhotel, konnte ich gestern eine Mzungu, eine junge Volunteer, erspähen. Mit dem grünen Haarreifen, den käsigen Beinen und dem weiten Rock sah sie aus wie eine Krankenschwester aus einem alten Heinz-Rühmann-Film.

Es war so beschaulich und ruhig in Mulanje, dass ich manchmal wirklich ernsthaft überlegen musste, wie ich den Tag halbwegs sinnvoll über die Runden bekomme. Das einzige Internetcafé im Ort hatte quasi nie

Verbindung zur weiten Welt, und nette Restaurants zum Abhängen gab es auch keine. Um mir die Zeit zu vertreiben, taperte ich jeden Nachmittag auf ein paar Carlsberg-Biere, die fünfundvierzig Minuten rauf zur O'Mula Country Lodge. Dort hatte man eine schöne Sicht. In Malawi liebten die Begüterten solche Country-Etablissements. Da konnten sie bequem ihre von der Welthungerhilfe bezahlten Toyota-Land-Cruiser parken, Bier trinken und Fleisch essen. Afrikaner lieben Fleisch. Gegrillt. Und am liebsten nichts dazu.

Bereits um 18 Uhr ist es in Mulanje stockdunkel, und ab 19 Uhr ist es so ruhig, dass man denken könnte, es wäre Mitternacht. Straßenbeleuchtung gab es eigentlich fast nie in Malawi, auch nicht in Blantyre oder in der Hauptstadt Lilongwe. Malawi musste eines der dunkelsten Länder sein, dass ich je bereist habe. Ohne Taschenlampe ging gar nichts. Gut, dass ich noch ein paar Filme auf dem Laptop hatte.

MALAWI
Lilongwe, Sommer 2013

Nach einigen Wochen am schönen Malawisee, bin ich zurück in Malawis provinziell anmutender, aber mit über 600.000 Einwohnern gar nicht mehr so kleiner Hauptstadt Lilongwe. Auf über tausend Metern Höhe gelegen, herrscht hier ganzjährig ein angenehmes Klima. Ein paar Tage wollte ich hier verweilen, guten Kaffee trinken und Freunde treffen. Zudem gab es hier einige recht gute indische Restaurants. Ein wenig Abwechslung zum malawischen Standardessen, dem obligatorischen Reis mit Huhn, konnte nicht schaden.

Von Lilongwe sollte es nicht – wie man annehmen mag, wenn man auf die Landkarte schaut – nach Mosambik gehen, um nach Südafrika zu gelangen, sondern nach Mchinji. Ein nahgelegener Grenzübergang mit halbwegs asphaltierter Straße zum Nachbarland Sambia. Mosambik und seine langjährige portugiesische Einflussnahme hätten mich zwar brennend interessiert, aber die hohen Preise für Visa und Unterkunft (Einzelzimmer ab dreißig Dollar) im Lande haben nicht zuletzt dafür gesorgt, dass ich einen großen Bogen über Namibia machen wollte, um nach Johannesburg zu gelangen. Das bedeutete viel Landschaft und viele Stunden in wahrscheinlich recht komfortablen, aber kostspieligen Überlandbussen. Und natürlich wollte ich mir nicht eine der größten Attraktionen des südlichen Afrikas entgehen lassen. Die legendären Viktoria-Wasserfälle.

Namibia stand schon seit Jahren ganz oben auf meiner "Muss-ich-unbedingt-noch-machen" - Liste. Irgendwann in den 90ern war ich mal auf einem kleinen Diavortrag über Namibia an der Lüneburger Volks-hochschule. Das Publikum bestand fast aus-schließlich aus Rentnern. Erst da dämmerte es mir, was es mit Deutsch-Südwest auf sich hatte.

Es war nicht nur ein herkömmliches Rentner-paradies wegen eines netten Klimas oder einer schönen Landschaft, sondern vielmehr ein Ort der Sehnsucht. Eine Sehnsucht nach einer vergangenen Zeit. Einer Zeit von Bismarck, deutscher Ordnung und nationalem Bewusstsein. Etwas, was uns Deutschen heutzutage abhandengekommen ist, wie Hans-Otto, der Referent des Vortrages, es beschrieb.

Beschreiben wir also meinen Umweg von mehreren tausend Kilometern als eine kleine Reminiszenz an unsere Urgroßväter. "Deutschländer" nennt man uns übrigens in Namibia, hatte ich auf dem Vortrag gelernt. Ich wollte in die Wehmütigkeit von Hans-Otto einsteigen, mir ein Bild davon machen. Ich wollte an einem Ort wie Swakopmund oder Lüderitz in einer deutschsprachigen Schlachterei einen Plausch mit der Wurstverkäuferin halten. Mit ihr über ihr Lebensgefühl und ihre Ansichten sprechen. Dieser Traum konnte bald wahr werden.

Und vergessen wir nicht, unsere Lebensrestlaufzeit wird nicht länger. Und wer weiß schon, wann wir wieder in diesen Teil der Welt kommen werden!

SAMBIA
Chipata, Sommer 2013

09.06.2013, gegen 16 Uhr, Grenzübertritt nach Sambia. Fünfzig Dollar fürs Visum. Solulu aus Malawi hat sich mir angeschlossen. Angeblich Doktor in afrikanischer Naturmedizin, auf dem Weg nach Namibia, wo er arbeitet. Die Visa Aushändigung verläuft schleppend. Alle Bediensteten im Grenzhäuschen schauen gebannt auf den Fernseher. Ein Fußballspiel flimmert. Ich warte geduldig bis der sambische Aufkleber im Pass ist.

Nach den üblichen Ungereimtheiten an Grenzübergängen, einem hitzigen Streit zwischen Solulu und dem Taxifahrer, welcher auf einmal das Dreifache des üblichen Fahrpreises haben wollte, kommen wir nach halbstündiger Fahrt in Chipata an, der ersten größeren Stadt in Sambia von Malawi kommend. Die Stadt ist aus dem Häuschen.

Tanzende Schüler in Schuluniformen, laute Musik aus brummenden Boxen, Bierflaschen, Fahnen und überall johlende Fußballfans. Sambia hatte 4:0 gegen das kleine Lesotho gewonnen und überraschend die Gruppenführung in der Qualifikation zur Weltmeisterschaft 2014 übernommen. Der Favorit Ghana ist nur noch

Gruppenzweiter. "See you in Brazil", rufen mir Angetrunkene hier und da entgegen.

Einchecken im billigsten Hotel am Platz für zwanzig Dollar - but toilet outside! Solulu, der mir nicht mehr von der Seite weicht, quartiert sich mehr oder weniger ungefragt in meinem Zimmer mit ein. Als es ans Bezahlen ging, fällt ihm plötzlich ein, dass er nur noch genügend Geld für den Bus nach Lusaka habe. Hunger hat er leider auch noch. Nun ja, Afrika eben, da kann man nichts machen!

SAMBIA

Lusaka, Sommer 2013

Mit Sambia fängt das südliche Afrika an. Unter dem Begriff Southern-Africa werden die Länder Sambia, Namibia, Mosambik, Simbabwe, Botswana, Lesotho, Swasiland und Südafrika in den einschlägigen Reiseführern zusammengefasst.

Alles ist entwickelter und organisierter und vor allem teurer! Ich muss mich erst mal wieder an das neue Preisniveau gewöhnen. Ich wohne jetzt wieder in Schlafsälen, für zwanzig Dollar die Nacht. Abends gibt es Makkaronis, die ich ganz nebenbei bemerkt bei Spar kaufe! Gibt es die bei uns eigentlich noch? In den Bussen und Supermärkten wird man nicht mehr mit Rihanna und Artverwandtem beschallt, sondern von Kenny Rogers oder Neil Diamond. *It's a beautiful noise,* vernahm ich aus einem der Lautsprecher, als ich die Erdnussbutter in den Warenkorb legte. Lange nicht gehört!

Lusaka nennt sich Sambias Hauptstadt. Eine Stadt ganz ohne Allüren. Kein Protz, alles flach und funktionell. Araber und Inder bestimmen beim ersten Hinschauen den wirtschaftlichen Rhythmus der Stadt. Recht sicher soll es sein in Lusaka - für afrikanische Verhältnisse. Und das sogar nachts. Man muss sich erst mal an die Ruhe, die Ordnung und die Zurückhaltung der Menschen gewöhnen. Shoppingmalls mit Salatbars, Cappuccinos, Kinos und Levis Stores. Ampeln, die funktionieren und, wenn auch etwas widerwillig und zögernd, meist wahrgenommen werden. Gehsteige und Straßenbeleuchtung. Fast schon ein bisschen langweilig. An diese neue Ordnung musste ich mich nach den letzten Reisemonaten erst einmal wieder anpassen.

Es gibt sogar ein richtiges Busterminal. Ich meine mit asphaltiertem Untergrund, Überdachung und so weiter. So was hab ich das letzte Mal in Afrika, glaub ich, in Kairo oder Khartum gesehen. Von Lusaka fährt zweimal die Woche ein Zug bis nach Dar es Salaam. Nicht unbedingt die schnellste Verbindung. Aber in gut siebzig Stunden, wenn alles rund läuft, bummelt der Zug bis an die Küste des indischen Ozeans in Tansania. Eine der letzten funktionierenden großen internationalen Bahnstrecken Afrikas.

SAMBIA
Victoria Falls, Sommer 2013

Die legendären Victoria-Fälle sind für mich nach Angkor Wat, Machu Picchu, den Pyramiden von Gizeh, dem Taj Mahal, der chinesischen Mauer, dem Mt. Everest, der Felsenstadt Petra und so weiter, das letzte Teil im Puzzle der großen Sehenswürdigkeiten dieser Welt. Wirklich wahr, ich kann es selbst kaum glauben. Und da soll nochmal jemand sagen, ich hätte nichts im Leben erreicht?! Okay, genug mit der Wichtigtuerei und zurück zum Tagesgeschäft.

Der schottische Missionar und Afrikaforscher David Livingstone entdeckte im Jahre 1855 als erster Europäer die Mosi-o-Tunya, was im übertragenen Sinne soviel wie der Rauch des Donners bedeutet. Livingstone benannte sie zu Ehren der Queen "Victoria Falls". Heute teilen sich die Länder Sambia und Simbabwe sowohl geografisch als auch touristisch die fast zwei Kilometer breiten und hundertacht Meter hohen Wasserfälle. Seit der erneuten Wiederwahl von Langzeitmachthaber Robert Mugabe ist der Tourismus in Simbabwe fast vollends zum Erliegen gekommen, obwohl gesagt wird, die Sicht auf die Wasserfälle sei dort besser. In "Zim", wie man hier verkürzt zu sagen pflegt, stehen in den nächsten Tagen übrigens Wahlen an. Aber wahrscheinlich werden die eh verschoben. Seltsamerweise sind alle Simbabwer, die ich bisher getroffen habe, nicht unbedingt gegen Mugabe. Eigenartig. Haben wir es hier wieder mit einer Medienfalle westlicher Sichtweise zu tun?

Sambia kann das schlechte Image Simbabwes nur recht sein. Vor allem das Städtchen Livingstone profitiert davon und ist soweit die sauberste und westlichste Stadt auf meinem Afrika-Trip. In Livingstone gibt es wahrscheinlich mehr Straßenbeleuchtungen als in ganz Malawi. Alles ausgeleuchtet, um Diebe von den Touristen fernzuhalten. In gut zwei Wochen findet hier sogar ein wichtiger Afrika-Kongress statt, für den sich das Städtchen gerade rausputzt.

Livingstone ist heute vor allem Overlander-Territorium. Das muss man sich ungefähr folgendermaßen vorstellen: In einem umgebauten, allradgetriebenen Truck werden Sitze installiert, auf denen so um die zwanzig, meist junge Menschen, durch verschiedene Länder Afrikas gefahren werden. Solche Expeditionen nennen sich dann beispielsweise Kakadu-Adventures oder Mikes-Adrenalin-Safaris. Man wird zu den verschiedenen Sehenswürdigkeiten des jeweiligen Landes gekarrt. Aussteigen, Knipsen, Einsteigen. Morgens bekommt man Cornflakes auf Campingtischen serviert, und abends twittert man vom Lagerfeuer das Foto des Tages. Auf einem dieser Abenteuer-Vehikel stand neulich in großen Buchstaben: "Join us – Buy Yourself an Adventure", dahinter die Web- und Email-Adresse. Das hat mir sehr gut gefallen und brachte den derzeitigen Zeitgeist schön auf den Punkt!

Das heutige Livingstone hat sich zu einer pulsierenden Fun-, oder wie ich neulich las, zur Adrenalin-Metropole des südlichen Afrikas gewandelt. Im immer härter werdenden Wettbewerb hat sich der Ort den neuzeitlichen Bedürfnissen des Konsumenten angepasst. Neben Bungeespringen, Tandem- und Solo-Skydiving, Rafting oder Helicopterflights sind derzeit besonders sogenannte: "All you can drink in two hours Sunset-Cruises" auf dem Zambezi River in Mode. Vor zwanzig Jahren gab es so was auch schon, nur da hat man noch Tiere vom Boot mit dem Fernglas beobachtet. Gegen Mitternacht trifft man sich in der in allen Reiseführern empfohlenen Fezbar. Die war derzeit auf allen Reiseportalen ganz oben im Ranking: "Best place to have fun." Hoffentlich stimmte das auch. Smartphone-Applikationen und Facebook hatten die Kontrolle unserer Bedürfnisse übernommen.

Das Rauschen der Mosi-o-Tunya ist schon von weitem zu hören. Über den Wasserfällen befindet sich eine Wolke aus dichter Gischt, wodurch sich das Spektakel schon aus der Ferne lokalisieren lässt. Das hatte was aus einem Tarzanfilm. Nur Jane und die Trommeln fehlten!

Obwohl die Trockenzeit schon vor gut zwei Monaten begonnen hat, erzeugten die Wassermassen immer noch viel Gischt, so dass keine klaren Sichtverhältnisse gegeben waren. Zu schlecht für ein halbwegs anspruchsvolles Panoramafoto. Dafür entsteht durch die Brechung des Lichts ein permanenter Regenbogen. Bei Vollmond soll es sogar einen sogenannten Lunar-Rainbow geben. Dieser muss aber extra bezahlt werden. So steht es an der Kasse am Eingang des Parks geschrieben.

Hier und da wird das Rauschen von o-Tunya von einem der über den Fällen kreisenden Helikopter übertönt. Zehn Minuten Rundflug für hundertfünfzig Dollar. Abenteuer haben eben ihren Preis. Regenjacken und Badelatschen sind preiswerter und schon für fünf Dollar zu haben.

SAMBIA

Livingstone, Sommer 2013

Ich habe mich im Livingstone Backpackers einquartiert. Der Preis hat entschieden, denn Zimmer sind im südlichen Afrika fast nicht bezahlbar. Ich warte auf die Abfahrt des Intercape-Mainliners nach Windhuk, der von Livingstone jeden Mittwoch abfährt. Das Areal des Livingstone Backpackers ist großzügig angelegt. Genügend Platz für Zelte und Trucks. Es gibt eine Gemeinschaftsküche, eine Bar, einen Swimmingpool, eine Kletterwand und ein gesondertes Gebäude für Volunteers. Letzteres eine findige Geschäftsidee, die Mode machte.

Ab vier Uhr nachmittags gibt es auf dem Areal billige Technomusik. Die Lautstärke wird dabei jede Stunde um ein paar Striche aufgedreht, um die Stimmung auf dem Campus langsam hochzufahren. Spätestens gegen 21 Uhr sind die meisten Bewohner des Hostels berauscht - tanzen, prosten oder springen laut schreiend in das Schwimmbecken.

In Livingstone gilt, dass die Backpacker Hostels, welche die besten Partys schmeißen, beim Ranking auf Tripadvisor oder Travelfish ganz nach oben klettern und somit die meiste Kundschaft bekommen. In Livingstone gibt es eine junge Klientel, die ganz gezielt, von einem zum anderen Partyhostel pilgert. Partyhostels als abendlicher Gesprächsstoff. Derzeit ist das Jollyboys in Livingstone das Maß aller Dinge. So ne Art McDonalds der Szene, mit Standorten im ganzen südlichen Afrika.

Ich wohne in einem Vier-Bett-Dorm. Die Zimmerbelegung ändert sich täglich, oft kommen schwarze Außendienst- oder Wanderarbeiter und checken noch morgens um zwei Uhr im Dormitory ein. Ich bilde mittlerweile den harten Kern und bin sogar Ansprechpartner bei Fragen. Es wird Zeit, dass der Bus nach Windhuk abfährt.

Gegenüber meiner Behausung befindet sich der sogenannte Volunteer-Trakt, mit einer großen Terrasse, auf der gut dreißig Leute zum Essen-fassen Platz haben. Morgens und abends findet dort immer die Essensausgabe statt. "Volunteers only" steht über dem Haupteingang auf einem großen Holzschild geschrieben.

Das Volunteers Business funktioniert ungefähr folgendermaßen: Der angehende Volunteer überweist dreitausend Dollar und mehr, je nach Länge des Aufenthaltes, vom Heimatort an eine nicht selten fragwürdige Vermittlungsorganisation. Man wird dann wie in diesem Fall nach Sambia geflogen und wohnt im netten Livingstone. Nein, nicht etwa im afrikanischen Busch, wo Hilfe eventuell wirklich gebraucht wird. NGO's und Büros anderer Hilfsprojekte, wie zum Beispiel kirchliche Einrichtungen, sind meist immer da, wo es eigentlich schon nett ist!

Die Volunteers in meinem Hostel werden drei Mal am Tag bekocht und gebettet und zu bestimmten Zeiten mit einem Bus in ein Dorf gefahren. Man spielt mit den Kindern im Dorf Fußball, lacht und fotografiert fürs Fotoalbum. Das würde sehr viel Freude bereiten, erzählte mir Amy aus Houston. Manchmal verteilen wir auch Medikamente oder Süßigkeiten und fast jeden Tag steht ein neues Dorf auf dem Programm. Da kann man wirklich viel lernen!

Abends nach dem Essen auf der Terrasse mischt man sich zu den Overlandern und tanzt bewaffnet mit einem Bier in der Hand zu Technoklängen. Nach drei Wochen wird man samt Trolly wieder zum Airport gefahren. So konnte Hilfe Spaß machen.

NAMIBIA
Windhuk, Sommer 2013

Über dem Caprivistreifen, einem schmalen Korridor zwischen Botswana und Sambia im äußersten Nordosten Namibias, ging es in die Hauptstadt Windhuk. Nach langer Reise durch die Dritte Welt bin ich nun angekommen im westlich geprägten Teil Afrikas - Sambia war quasi der Übergang.

Niemand sucht mehr meine Nähe oder will mich in ein dubioses Geschäft verwickeln. Nur noch die Taxifahrer im überschaubaren Zentrum der Stadt hupen gelegentlich, um mir zu signalisieren, dass sie für mich Zeit hätten. Die schwarze Bevölkerung Windhuks - vor allem die Frauen - ist schick gekleidet, gibt sich kultiviert. Es riecht nach Parfüm. Man hat sich den Lebensbedingungen angepasst.

Namibia, das ehemalige Deutsch-Südwestafrika, zählt heute gerade mal etwas mehr als zwei Millionen Einwohner. Wüste, Farmen, Diamantenminen, Geländewagen, Atlantikküste und einsame Highways. Große Distanzen liegen zwischen den wenigen Ortschaften. Windhuk ist eine der sichersten Hauptstädte Afrikas und zählt 320.000 Einwohner. Namibia hat eine sehr restriktive Zuwanderungspolitik. Auf dem langen Weg mit dem Intercape-Mainliner nach Windhuk, gab es sehr viele

Personenkontrollen – man möchte keine südafrikanischen Verhältnisse – erzählte man mir.

Unsere Urgroßväter gaben in Namibia nur ein kurzes Gastspiel, dennoch ist die deutsche Handschrift noch allgegenwärtig. Von 1884 – anfangs noch als deutsches Schutzgebiet – bis zum Ende des Ersten Weltkrieges versuchte die deutsche Kultur, in diesem Teil der Welt Einfluss zu nehmen. Die Mission währte insofern nur 35 Jahre lang. Bereits während des Ersten Weltkrieges wurde Deutsch-Südwest von Südafrika besetzt und durch Beschluss des Völkerbundes 1920 der Südafrikanischen Union als Mandatsgebiet zugeteilt. Der südafrikanischen Verwaltung gelang es in den darauf folgenden Jahren, den deutschen Einfluss nachhaltig zu reduzieren und Namibia quasi zu südafrikanisieren. Einschließlich der Ausdehnung der Apartheidspolitik auf das Mandatsgebiet. Erst 1990 führte die SWAPO, die bis heute ohne Unterbrechung regierende Partei, das Land in die Unabhängigkeit

Viele der Straßen und Gebäude im heutigen Windhuk tragen noch deutsche Namen. Es gibt zahlreiche Geschäfte und Restaurants unter deutscher Leitung. Man nennt sich Ratzsch's Bäckerei, Tischlerei Lorenz oder Alte Buchhandlung. Die Ladenschilder gerne in altdeutscher Schrift. Speisekarten in polierten Glaskästen bieten deftige Hausmannskost in deutscher Sprache an: Antilope aus der Keule in Champignonsoße mit Sauerkraut und Kartoffelbrei. Crossover-Food nennt man das heute.

Neben den 26.000 deutschstämmigen Namibiern leben hier auch viele andere Europäer. Vor allem solche, die dem immer gefährlicher werdenden Südafrika den Rücken kehren oder aus Mugabes Zimbabwe übersiedelten. Einen nicht unerheblichen Teil der Bevölkerung Namibias stellen die sogenannten "Coloureds", Nachfahren schwarz-weißer-malaiischer-indischer Vermischungen, mittlerweile eine fast eigene Rasse. Heutzutage hingegen sieht man kaum Mixed-Couples auf Namibias Straßen. Die Hautfarben bleiben eher unter sich. Auffällig die einfach geschnittenen Gesichter der einheimischen weißen Bevölkerung – wie aus einer anderen Zeit. "Farmerfaces" nannte Kerouac solche Gesichter gerne in seinen Romanen.

In Sonjas Kaffeestübchen, gelegen in einem Shoppingkomplex in der Windhuker Innenstadt, gleich neben einer Pick & Pay-Filiale, bezog ich jeden Morgen Posten, um die Gepflogenheiten, Bewegungen und Moden der namibischen Mittelklasse zu studieren. Die mit Salami und Käse belegten Brötchen bei Sonja verkauften sich außerordentlich gut. Dadurch wurden ständig interessante Studienobjekte an die Glasvitrine mit der leckeren Ware gelockt.

Zum Kaffee gab es für mich jeden Morgen die AZ – die Allgemeine Zeitung –, um herauszufinden, wie die deutsche Seele so weit entfernt vom Mutterland tickte. Der Inlandsteil war eher spärlich. Dennoch, die Löhne für Farmarbeiter wurden gerade erhöht, auf umgerechnet vierzig amerikanische Cents die Stunde! Es ging um zunehmende Wilderei in der Etosha-Pfanne, dem bekanntesten Nationalpark im Land, und um die korrupte Air Namibia, die so viele namibische Dollar verbrennt. Ferner hatte Deutschland gerade seine Hilfen für Namibia reduziert, da sich das Land so gut entwickelt habe. Unter der Rubrik "Europawetter" wurden in dem Blatt nur die Städte Zürich, Frankfurt, Berlin, Wien und München aufgeführt. Europa war für die namibische Allgemeine Zeitung scheinbar ein rein deutschsprachiges Phänomen.

NAMIBIA
Lüderitz, Sommer 2013

Fünf Stunden musste ich an der Puma-Tankstelle im südwestnamibischen Keetmanshoop ausharren, bis sich mir endlich eine Mitfahrgelegenheit ins dreihundertfünfzig Kilometer entfernte Lüderitz bot. Ich war nicht der Einzige, der hier wartete. Einen Fahrplan gab es nicht. Die Leute wurden unruhig. Manchmal fuhr ein Minibus, sicher war das aber nicht. Immer wenn sich ein Fahrzeug näherte, reckten sich die Hälse. Ohne Auto ist es nicht immer ganz einfach im dünn besiedelten Namibia. Aber nach fünf langen Stunden ging es dann endlich auf guter Straße durch die einsame und karge Namibwüste an die Atlantikküste. Gelegentlich sah man vom Fenster einen Strauß, manchmal auch Wildpferde. Die Wüsten- oder Namibpferde, wie sie auch genannt werden, sollen entlaufene Tiere eines Lüderitzer Bürgermeisters sein, die sich in den Wirren des Ersten Weltkrieges mit südafrikanischen Truppenpferden paarten. So steht es zumindest in der namibischen Allgemeinen Zeitung geschrieben.

Lüderitz wurde auf einem Felsen gebaut, an einer Bucht am rauen Atlantik. Es gibt einige Fischfabriken und ein wenig Tourismus. Ein paar deutschstämmige Namibier sind noch hier geblieben. So um die siebzig sollen es noch sein, erzählte mir der deutsche Betreiber des Lüderitz-Backpackers in der Schinzstraße. Es ist windig, kalt, neblig und karg. Bäume haben es hier nicht leicht. Lüderitz erinnerte mich topografisch nicht unbedingt an eine afrikanische Stadt, sondern vielmehr an eine kleine Hafenstadt, irgendwo im tiefsten Süden Argentiniens oder auf den Falkland-Inseln.

Die Stadt an der Lüderitzbucht wurde 1883 von dem Bremer Kaufmann Adolf Lüderitz gegründet. Er erwarb das karge Land in der Hoffnung Bodenschätze zu finden. Lüderitzbucht, wie es zunächst hieß, dümpelte vor sich hin. Im Jahre 1904 erlebte der Ort einen bescheidenen Aufstieg mit der Stationierung deutscher Schutztruppen im Kampf gegen die aufständischen Nama. Vier Jahre später, im Jahre 1908, erlebte die Stadt einen Boom, als man in der Nähe von Lüderitz, in Kolmanskuppe, Diamanten fand. Auch die Woermann-Linie, seinerzeit die größte Reederei, machte von nun an Halt mit ihren Dampfschiffen, brachte Waren, Geräte und deutsche Glücksritter. Um die fünfundzwanzig Tage dauerte damals eine Fahrt von Hamburg nach Deutsch-Südwest. Der Diamantenabbau sorgte für ein schnelles Wachstum in der Stadt. Viele schöne Villen im Jugendstil entstanden in dieser kurzen Zeit. Deshalb ist das Zentrum von Lüderitz architektonisch auch sehr homogen. Es gibt eine Turnhalle, eine Bücherei, Kirchen und sogar einen Konzert- und Tanzsaal, in dem sich die deutschen

Glücksritter austoben konnten. Man konnte seinerzeit sogar mit Diamanten bezahlen. Adolf Lüderitz war zu dem Zeitpunkt bereits verstorben, beziehungsweise galt als verschollen.

Nur knapp zwanzig Jahre hielt der Diamantenrausch an, dann waren die Felder weitest-gehend abgetragen. Kolmanskuppe ist heute die touristische Attraktion des Ortes. Die Wüste dringt in die verlassenen Häuser ein und holt sich zurück, was der Mensch ihr abgerungen hat. Führungen durch das Museum sind zu bestimmten Zeiten auf Deutsch. Im angeschlossenen Restaurant gibt es Apfelkuchen und alte Schwarzweißfotografien zu bewundern.

SÜDAFRIKA
Upington, Sommer 2013

Zwei weiße südafrikanische Cowboys gaben mir vom ostnamibischen Grünau mit ihrem Pick-up einen Lift nach Upington, eine Kleinstadt im südafrikanischen Northern Cape. Die selbsternannten Hobby-Großwildjäger waren auf dem Weg nach Pretoria, wo sie wohnten. Das erlegte Fleisch befand sich hinten auf der Pritsche. Antilope – fein säuberlich verpackt – in Kühlboxen und mit einer Plane abgedeckt. Die Großwildjagd sei in Namibia und vor allem in Mosambik weitaus billiger als in Südafrika, erzählte man mir. Man klagte während der doch recht lang andauernden Fahrt immer wieder über die Verhältnisse in der sich verändernden Heimat. Man wollte auswandern. Nur wohin – fragte man sich! Namibia machte es selbst weißen Einwanderern nicht leicht. Nelson Mandela lag im Sterben und wurde nur noch künstlich am Leben gehalten. Danach wäre es sowieso um das Land geschehen. Bürgerkrieg würde es geben. Da war man sich fast sicher. Der Fahrer schlief immer mit Revolver am Bett. Zu gefährlich sei es mittlerweile für weiße Südafrikaner im eigenen Land geworden.

Für den Fahrer der beiden sei es das schönste im Leben, einen Elefantenbullen zu erlegen. Ihm genau zwischen den Augen den Garaus machen. Bereits für 25.000 Dollar ist solch ein Spaß in Mosambik zu haben, erzählte er euphorisch. Ich hielt mich zurück und dachte im Stillen, wie unterschiedlich wir Menschen doch sein können. Dann reichte mir sein Kollege einen großen älteren Bildband nach hinten. Der Titel lässt sich ungefähr so übersetzen: "Die größten Großwildjäger aller Zeiten"!

Es war kalt. Denn was bei uns in Deutschland der Sommer ist, ist im südlichen Afrika ja der Winter. Um mich mit den südafrikanischen Modalitäten vertraut zu machen, quartierte ich mich in dem einzigen Hostel der Stadt ein. Ein altes Einfamilienhaus etwas außerhalb des Zentrums, betrieben von einem jungen weißen Pärchen. Upington lag nicht unbedingt auf der Touristenroute, insofern gab es im Hostel auch keine Backpacker, sondern vor allem schwarze Wanderarbeiter aus der Gegend um Johannesburg. Bauarbeiter. Sie waren vom Stamme der Zulus und veranstalteten jeden Morgen ein riesiges Chaos in der Küche, weswegen ich erst aufstand, als ich die Türe ins Schloss fallen hörte. Dann flitzte ich schnell in die Küche, um nach dem Rechten zu schauen. Denn oft vergaßen sie eine der Herdplatten auszuschalten. Ansonsten waren es nette Burschen, die sich gerne über die vielen Gastarbeiter aus Malawi oder Simbabwe beschwerten, welche die Löhne kaputt machten.

Dann wohnte da noch ein schmächtiger weißer Südafrikaner, Ende zwanzig aus Durban. Eine dubiose Figur mit spitzen Zähnen, seltsamen Geschichten und einem komischen schrillen Lachen. Trotzdem verbrachte ich die meiste Zeit mit ihm. Wir teilten uns ein Zweibett-Zimmer. Er verdiente sein Geld als wandernder Computerexperte und wollte sich in Upington niederlassen. Sicher war das aber nicht.

Ich streifte durch die Stadt. Es war recht sauber. Ich suchte nach Bier für den Abend. Die Shoppingmalls waren modern. Großangelegte Parkplätze mit Pick-ups und Jeeps. Schwarze Trunkenbolde lungerten vor den Geschäften herum und stritten sich. Im Kino des Einkaufszentrums zeigten sie gerade "The Great Gatsby", mit Leonardo DiCaprio, ein endlos langer Film, der mich nicht besonders ansprach. Im Supermarkt räumten unter anderem auch weiße Südafrikaner die Regale ein. Auch weiße Bettler und Landstreicher hatte ich auf meiner kurzen Stippvisite gesehen. Das hätte ich nun nicht erwartet.

Vergewaltigungen schienen ein ganz großes Problem in Südafrika zu sein. Oft sah ich Spruchbänder oder an Hauswände gemalt: "Don't rape our women!" Im Internet recherchierte ich später, dass in Südafrika im Durchschnitt alle vier Minuten eine Frau vergewaltigt wird. Die Universität Südafrika ging im Jahre 2008 von mehr als eine Million Vergewaltigungen im Jahr aus, las ich eben auf taz.de! Man überlegte sogar, in Pretoria wieder die Todesstrafe einzuführen.

Von Upington sollte es mit dem Bus nach Südafrikas Hauptstadt Pretoria gehen. Ich wollte einen alten Freund besuchen, den ich in Kampala kennengelernt hatte. Er machte das südliche Afrika inklusive seiner Frauen schon seit geraumer Zeit mit seinem Landrover unsicher. Von Johannesburg wollte ich Afrika verlassen. Leider nicht nach Madagaskar. Zu teuer der Flug und das ganze Drumherum. Außerdem sollte man sich ja noch ein paar Träume für seine Lebensrestlaufzeit aufbewahren.

KAPITEL II: TRANSSIB

TRANSSIBIRISCHE EISENBAHN
Sommer 2009

Es ist Sommer. Sommer auch in Russland. Zeit aufzubrechen, um einen langgehegten Traum in die Tat umzusetzen. Diesmal sollte es mit der Transsibirischen Eisenbahn nach Südostasien gehen. Das Ticket wollte ich mir erst in Petersburg oder Moskau kaufen. Das schien mir um einiges billiger als das, was gerade so im Internet angeboten wurde.

Dafür war ich auch bereit, ein paar Brocken Russisch zu lernen. Keine einfache Sprache, musste ich schnell feststellen.

Mit der Fähre sollte es von Kiel aus losgehen nach Klaipeda, einer Hafenstadt in Litauen. Diese Aufbruchvariante empfand ich am stilvollsten. Von da aus wollte ich mich über Lettlands Hauptstadt Riga mit Bahn und Bus weiter nach St. Petersburg durchschlagen.

RUSSLAND

St. Petersburg, Sommer 2009

Ich hatte mich im Cuba-Hostel unweit des Kurfürstendamm-Äquivalents, dem St. Petersburger Newski-Prospekt, einquartiert. Von hier aus sollten meine ersten Beobachtungen in der ehemaligen Zarenstadt beginnen. Einen kleinen Eindruck russischer Ordnung durfte ich mir ja schon bei meiner Einreise verschaffen, als die Grenzer den aus Riga kommenden Zug stürmten, um im Stelzschritt die Pässe zu kontrollieren. Die Szene erinnerte ein wenig an einen russischen Agentenfilm - zur Zeit des Kalten Krieges.

Das Klientel im Cuba-Hostel gab sich jung und hip. Stil war wichtig. Nichts schien zufällig. Auch wenn das wahrscheinlich niemand zugegeben hätte. Der Name des Hostels war Programm. Hier gaben sich diejenigen die Hand, die nochmal ein wenig sozialistische Nostalgie schnuppern wollten. Freizeit- und Modekommunisten aus dem kapitalistischen Westen, die für teures Geld eingeflogen sind. Die meisten blieben nur eine Woche, manchmal sogar nur übers Wochenende, oder waren schon mehrmals hier. Immer im gleichen Hostel.

Um der Gesinnung Ausdruck zu verleihen, kleidete man sich vorwiegend in Schwarz. Dazu trug man nicht selten ein passendes olivfarbenes Fidel-Cap, und was das sozialistische Insignien-Reservoir sonst noch so her gab. Das konnten kleine Buttons oder T-Shirts mit dem Konterfei eines Che Guevaras oder Lenins, aber auch die C.C.C.P. Buchstaben sein. Natürlich durfte auch das gute alte St.-Pauli-T-Shirt nicht im Sortiment fehlen. Letzteres wird mittlerweile sogar in den vielen Souvenirläden – der Pham-Ngu-Lao, dem Backpacker-Ghetto in Ho-Chi-Minh-Stadt, in Vietnam feilgeboten. Nicht schlecht für einen deutschen Zweitliga-Verein.

Das fortgeschrittenere Member der Hostel-Community, die untereinander sogar online vernetzt war, trug gerne auch mal einen Vollbart, kombiniert mit einer großen, intellektuell anmutenden Hornbrille. Das sollte scheinbar an bessere Zeiten erinnern. Man hatte die alten Schwarzweiß-Fotografien der Granma Landung an der kubanischen Küste aufmerksam studiert.

In der Lobby, welche von der drallen Sprachstudentin Anna aus Omsk geleitet wurde, hingen über der Rezeption zwei schlichte große Wanduhren. Eine zeigte die Uhrzeit in Moskau, die andere in Havanna.

Am nah gelegenen Newski-Prospekt wollte man von solch antiquierten Vorstellungen nichts wissen. Hier fand eine andere Party statt. Hier wurde zur Schau gestellt und auf dicke Hose gemacht. Understatement und Konformismus waren verpönt. Vom Porsche Cayenne, dem neusten Lamborghini bis zur umgebauten Hummer-Stretchlimousine, war hier alles vertreten. Geld ist genug da – unter den neureichen Russen. Man fuhr den Newski auf und ab, um das Ego bei Laune zu halten. Profilierungsfahrten nannte man so was, hatte ich mal gehört. Ich verspürte, dass eine gewisse Irritation und Unsicherheit in der Luft lag. Welches Fahrzeug war überhaupt noch standesgemäß? Was für ein perfides neokapitalistisches Schauspiel!

Auch die russischen, durchaus hübschen Frauen, zeigten, was sie hatten. Neben aufwändiger Kosmetik, liebevoller Nagelpflege und nicht mit Reizen geizender Kleidung wurden insbesondere die sekundären Geschlechtsmerkmale ins rechte Licht gerückt. Brust-OPs hatten Hochkonjunktur. Und während man die Fahrzeuge der Männer tieferlegte, war es beim weiblichen Geschlecht andersrum. High-Heels mit mindestens fünfzehn Zentimeter hohen Absätzen gehörten zum Pflichtprogramm des weiblichen Geldadels.

Nach Jahrzehnten der Enthaltsamkeit und den ständigen politischen Veränderungen sei der Russe von Natur aus skeptisch. So die Analyse eines tschechischen Mitbewohners bei einem Bier in der Hostelküche. Politische Stabilität, finanzieller Aufschwung usw. könnten jederzeit ein abruptes Ende finden. Der Russe will, beziehungsweise muss konsumieren, da er dem Rubel nicht wirklich traut. Diese Erklärung schien mir an diesem Abend recht plausibel!

Die russische Seele ist trinkfreudig. Das war kein böses Vorurteil, sondern bestätigte sich mir immer wieder. Der Geschäftsmann trank lässig, an seinem schwarzen 5er-BMW lehnend, am frühen Morgen eine Flasche Bier. Und die junge Natascha im Minirock schnell noch mal einen Schluck aus dem Flachmann an der Bushaltestelle. Böse Blicke gab es nicht – denn das war russischer Alltag. Gorbatschow soll ja während seiner Amtszeit viele Brauereien ins Leben gerufen haben, um quasi den Russen vom Wodka zum doch verträglicheren Bier zu konvertieren. Nicht zuletzt gar aus Sorge um die heimische Wirtschaft. Denn Wodka produzierte zu viele Fehlzeiten!

Es ist Juni, und alle feierten die sogenannten White Nights. Ein großes Event. Es war fast durchgängig vierundzwanzig Stunden am Tag hell. Alles war auf den Beinen und trank. An diesen Tagen kleidete man sich mit Vorliebe in Weiß. Die Parks und Straßen waren selbst unter der Woche um vier Uhr morgens noch so gerammelt voll, als wäre es Samstagvormittag in einer deutschen Fußgängerzone. Die Papierkörbe quollen über mit Flaschen und Dosen, daneben Müllberge. Meine innere Uhr geriet völlig durcheinander.

Ein weiteres Phänomen drängte sich mir bei meinen Spaziergängen durch das Petersburger Stadtzentrum auf. Alternde Rockstars gaben hier auffällig viele Konzerte. Und das zu absurden Preisen, die oft bei hundertfünfzig Euro und darüber lagen. Man hatte Nachholbedarf. Der Newski-Prospekt war gesäumt mit Konzertankündigungen abgehalfterter Bands wie Foreigner, Nazareth oder Uriah Heep – die es bei uns wohl mittlerweile recht schwer gehabt hätten, die Hallen zu füllen. In St. Petersburg oder Moskau aufzutreten, konnte die Rockerrente nochmal richtig aufbessern. Auch der gute Thomas Anders beglückte die Petersburger derzeit mit den feinsten Bohlen-Texten. Das ganze übrigens unter dem Namen Modern Talking. Aber so wie wir Dieter, das alte Schlitzohr kennen, kassierte er bei solchen Auftritten sicherlich kräftig mit. *Geronimo's Cadillac!*

RUSSLAND
Transsibirische Eisenbahn, Sommer 2009

Knapp achtzig Stunden dauert eine Fahrt mit der Transsibirischen Eisenbahn von Moskau nach Irkutsk und kostet zweihundert Euro in der sogenannten Kupe-Klasse. In der Platzkartny, der 3. Klasse – so was wie ein offener Schlafsaal in einem der Wagons, der oft von Soldaten genutzt wird –, kostet die Fahrt nur die Hälfte. Soll sogar unterhaltsamer sein, habe ich mir sagen lassen – zumindest, wenn man Wodka mag!

Die klassische Endstation der Transsibirischen Eisenbahn ist Wladiwostok, die entlegene Hafenstadt an der rauen Ostküste des Landes. Ein durchaus verlockendes Ziel für jeden Reisenden alter Schule. Wladiwostok verkörperte diese gewisse Abgeschiedenheit, die einem Ort etwas Magisches verleihen konnte wie beispielsweise die alte entlegene Karawanenstadt Timbuktu in Mali oder das uigurische Kaschgar im Nordwesten Chinas. Leider ist "Wladi", wie es auch manchmal verkürzt genannt wird, mit meinem nächsten Ziel Ulan-Bator in der Mongolei alles andere als auf dem gleichen Weg. Vom sibirischen Irkutsk nach Wladiwostok sind es immerhin nochmal knapp 4000 km. Hin und zurück macht das fast hundert Stunden Fahrzeit. Deutlich zu viel - für einen wehmütigen Blick ins japanische Meer!

Mehrere Züge fuhren von Moskau jede Woche in rund hundertvierzig Stunden Fahrzeit an die Ostküste des Landes. Neben einer Handvoll russischer Züge gab es zwei chinesische, einen mongolischen und seit Neuestem den Transsibexpress. Darauf war man hierzulande besonders stolz. Der brauchte für die Strecke nach Irkutsk rund zehn Stunden weniger als die Kontrahenten. Ausgestattet sei er mit den neusten technischen Errungenschaften, sogar mit Internet, versicherte mir die Dame am Moskauer Bahnhof. Der Schnellzug kam für mich überhaupt nicht in Frage. Ich wollte Nostalgie und entschied mich nach kurzer Überlegung für die mongolische Variante.

Die Zeit verging wie im Zug. Leider hatte ich etwas Pech mit den Fahrgästen in meinem zweihundert Euro teuren Abteil. Ein langweiliges schweigendes Paar aus Irkutsk mit einem selten hässlichen Sohn leistete mir auf der gesamten Strecke von Moskau nach Irkutsk Gesellschaft. Oder vielmehr keine – denn ich wurde ja völlig ignoriert! Ich war frustriert, hatte ich doch im Vorfeld schöne Geschichten von tagelangen Partys bis hin zu ausschweifenden Orgien gehört, die in solchen Zugabteilen auf langer Fahrt stattgefunden haben sollen.

In der heutigen Zeit ist es eher ungewöhnlich, dass solch lange Strecken von Einheimischen noch gefahren werden. Mit einem der vielen Billigflieger ist man nicht nur schneller, sondern auch kostengünstiger unterwegs. Die Russen fahren in der Regel nur noch einzelne Abschnitte der insgesamt 9288 Kilometer langen sibirischen Lebensader, wie die Transsibirische auch manchmal genannt wird.

Ich verbrachte die meiste Zeit im Speisewagen bei nicht ganz billigem russischen Bier – während es sich die sibirische Kleinfamilie im Abteil immer gemütlicher machte. Nur zum Schlafen ging ich noch dorthin. Manchmal harrte ich sogar besonders lange aus, um sicher zu gehen, dass sie schon schliefen!

Die endlose russische Landschaft streifte an mir vorbei. Den passenden Soundtrack lieferte mir eine relativ neue Band aus Neu-Mexiko, mit dem orientalischen Namen Beirut. *Forks and Knives* – war für mich der ideale Song für eine Fahrt durch die unberührte Weite. Da schmeckte das Bier gleich besser. Am Tage war es hier eher ruhig. Aber abends kamen einige Russen aus ihren Abteilen und huldigten dem Wodka. Es gab Musik und manchmal wurde sogar getanzt.

Nach ein paar Gläschen musste man sich in Acht nehmen. Es wurde nicht nur hektischer, sondern man konnte auch schnell mal auf Russisch vollgequatscht werden. Dabei war es dem Mitteilungsbedürftigen egal, ob man etwas verstand. Mein freundliches Lächeln und Abnicken, dass ich mir als verständnisvoller Reisender im Laufe meiner Reisejahre angeeignet habe, wurde mir dabei einmal fast zum Verhängnis. Da hatte ich wohl im falschen Moment genickt?! Ich wurde für meine politisch korrekte Verlogenheit - wenn man so will - bestraft. Glücklicherweise kam mir das Zugpersonal rechtzeitig zu Hilfe.

Am liebsten saß ich alleine - an den schönen polierten Holztischen mit den bunten Tischdeckchen, die im Design auf die Gardinen der Fenster abgestimmt waren. Auf jedem der Speisetische stand eine kleine Vase mit einer gelbroten Plastikblume. Wenn sich meine Bierflasche dem Ende neigte, hob ich sie an, nahm Blickkontakt mit dem Personal auf und grinste Pivo. Das urslawische Wort für Bier - verstand man überall östlich der Oder. Vom Fenster aus gab es viel zu sehen. Monotone, unberührte Landschaft. Dazwischen gelegentlich aus dem Nichts auftauchende einsame Dörfer mit rustikalen Blockhäusern aus mächtigen Baumstämmen, die an den Klondike-Goldrausch und alte Jack-London-Filme erinnerten. Wie es wohl ist - dort zu leben? Schade, dass man nicht aussteigen konnte. Alle paar tausend Kilometer hielt der Zug an einem der schönen Bahnhöfe entlang der Bahnlinie. Dann war es Zeit sich die Beine zu vertreten. Es wurde geschäftig. In der Regel dauerte so ein Halt um die dreißig Minuten. Auf dem Bahnsteig verkauften alte Mütterchen in Schubkarren Bier, Pirogen und geräucherten Fisch. Das war eine schöne Abwechslung, bevor es wieder weiterging am Fenster mit endlosen Feldern, weiten Ebenen und unendlichen Birkenwäldern.

Russland

Dunkel konnte es werden. Ganz plötzlich! Durch die enormen Weiten durchfuhr die Bahn verschiedenste Zeitzonen. Wie viele hab ich vergessen. Waren es sechs oder sieben? Das konnte dazu führen, dass es bereits um drei Uhr morgens hell werden konnte oder es schon um dreizehn Uhr dämmerte. Die großen Städte auf der Strecke wie Jekaterinburg, Omsk oder Nowosibirsk lagen unendlich weit auseinander. Oftmals Tausende von Kilometern - dazwischen nichts. Isolierte riesige Trabantenstädte. Plattenbauten, Tristesse und hohe Selbstmordraten. Ich wäre gerne ausgestiegen. Warum war mein Russisch bloß so schlecht!

RUSSLAND

Chuschir, Sommer 2009

Mehr als sechs Stunden dauerte die Fahrt mit dem schwer in die Jahre gekommenen Bus von Irkutsk nach Olchon, der größten Insel im Baikalsee. Die monotonen Bodenwellen der Straße ließen mich fast seekrank werden. Rüber ging es mit einer altersschwachen Fähre sozialistischer Machart. Ich wohnte in Chuschir, dem Hauptort der Insel, bei Babuschka Olga mit Vollpension. Übrigens gar nicht mal so billig, so um die dreißig Euro die Nacht. Es gab jeden Tag Omul, den Fisch des Baikals, und das in all seinen Variationen. Olga war eine großartige Köchin. Und das war gut so, denn die russische Küche ist ja ansonsten nicht so berühmt – sagt man. Und das durfte ich ja immerhin schon fast vier Wochen in Augenschein nehmen.

In Chuschir hatte ich endlich das Gefühl in Russland angekommen zu sein. Zumindest so, wie es meiner ewig nach Nostalgie suchenden Seele entsprach. Hier dominierte noch der Lada, der Moskwitsch oder die Dnjepr-Gespanne. Halbstarke Burschen mit einfachen Gesichtszügen machten abends das Dorf unsicher. In oft kaum fahrtüchtigen Vehikeln, jagten sie mit laut aufgedrehter billiger Technomusik oft stundenlang, die gleichen schlaglochübersäten Sandpisten auf und ab.

Zudem gab es in Chuschir fast nur Holzhäuser mit pittoresken bonbonfarbenen Fensterrahmen und originellen Zaunkonstruktionen. Gut genährte Kühe streiften in kleinen Gruppen durchs Dorf. Einen Internetzugang gab es auch, im hölzernen Postgebäude. Hier und da wurden selbstgestrickte Socken verkauft, dann noch Fisch, Wodka und Bier. Das war es eigentlich schon. Arbeit gab es kaum in Chuschir. Das Einkommen lag oft bei kaum mehr als hundert Euro im Monat. Alte Babuschkas, wie aus einer anderen Zeit, saßen in der späten Nachmittagssonne eingewickelt in Kopftüchern vor ihren Hütten und strickten Pullover für den kommenden Winter oder streichelten ihre Katzen.

Die in die Jahre gekommenen Schiffe im nah gelegenen Hafen, an dem es mal zu sozialistischen Zeiten eine recht gut gehende Fisch-Konservenfabrik gab, rosteten vor sich hin. In Chuschir wohnten fast ausschließlich Russen. Die Burjaten, die Ureinwohner der Insel, die ethnisch den Mongolen nahestehen, lebten in den Nachbardörfern – die noch ärmer waren.

Vor Kurzem wurde die alte Kirche in Chuschir wieder errichtet. Die muss wohl irgendwann mal einer sozialistisch inspirierten Säuberungswelle zum Opfer gefallen sein. Seitdem die Kirche wieder steht, sollen äußerst seltsame Dinge auf der Insel vor sich gehen, erzählte mir Nadja, eine arbeitslose Deutschlehrerin, die ganz in der Nähe meiner Unterkunft wohnte. So fing das örtliche Sägewerk plötzlich ohne Grund an zu brennen.

Oder ein Auto mit vier Jugendlichen stürzte nachts in den Baikalsee, wobei alle Insassen ertranken. Ich fragte Nadja, ob diese Vorkommnisse nicht eventuell auch mit den vielen, auf der Insel herumliegenden Wodkaflaschen zu tun haben könnte? Sie verneinte und meinte, dem wäre nicht so, denn die Wodkaflaschen gab es schließlich auch schon, bevor die Kirche wiedererrichtet wurde! Nein, die Kirche war das Übel und an allem schuld. Die allermeisten Einwohner von Chuschir würden die kleine Basilika am liebsten wieder weghaben, so Nadja. Dann würde endlich wieder Frieden im Dorf einkehren.

MONGOLEI

Ulan Bator, Sommer 2009

Sechs Wochen sind seit meiner Abreise aus Deutschland vergangen. Es ist Sommer in Ulan Bator, der laut Wikipedia kältesten Hauptstadt der Welt. Die Sonne scheint, und der Himmel ist strahlend blau. Bei dreißig Grad ließ es sich aushalten. Und die neue Kultur wollte ja erst mal inspiziert werden. Beste Voraussetzungen. Ein paar Tage wollte ich bleiben, nach den langen Zugfahrten durch die russische Weite.

Mongolen sind größer als ihre asiatischen Nachbarn. Das wird besonders deutlich bei den Frauen, die ja weiter südlich nur selten die 1,60 Meter überschreiten. Die Sprache war auf jeden Fall gewöhnungsbedürftig. Hörte sich so ein bisschen an wie Gurgeln beim Zähneputzen. Die Stadt selbst hätte von ihrer Architektur auch eine Stadt im russischen Osten sein können. Plattenbauten, Staub, wenig Bäume, Schlagloch-pisten, Ostblocktristesse. Aber es gab viele Biergärten mit durchaus genießbarem Bier. Die waren sehr beliebt. Der bekannteste Biergarten wurde nach bayerischem Vorbild errichtet. Wer etwas auf sich hielt in Ulan Bator, traf sich dort auf ein kühles Glas Kahn-Bräu, gebraut nach deutschem Reinheitsgebot. Expats, Touristen und zu

Wohlstand gekommene Mongolen tummelten sich in lauer Sommerluft auf rustikalen Holzbänken, aber auch junge Mongolinnen, die Anschluss an die westliche Welt suchten.

Ulan Bator ist zu einem Ort geworden, an dem man viel Geld machen konnte, wenn man ein Gespür für den Markt und vor allem die richtigen Kontakte hatte. Ähnlich wie in Moskau, Kiew oder anderen postkommunistischen Städten, in denen die übliche Gemengelage aus Korruption, Konsumwut und neuer Armut herrscht. Glücksritter aus den ehemaligen Sowjetrepubliken wie Tadschikistan oder Usbekistan hatten sich hier niedergelassen. Die Mongolei ist eines der rohstoffreichsten Länder dieser Erde. Gold, Zinn, Kupfer und Uran liegen unter dem kargen Boden, der Landwirtschaft fast unmöglich macht. Knapp die Hälfte der drei Millionen Mongolen lebte in UB – wie Ulan Bator verkürzt genannt wird.

Die Goldgräberstimmung zeigte sich auch im Stadtbild. In der Innenstadt rauschen S-Klassen, BMWs, Lexuse und amerikanische Hummer-Jeeps über die staubigen Straßen. Ulan Bator Hummer-Club – stand da gestern auf einem grellen breiten Neonschild in großen Buchstaben. In den hellen Shoppingmalls drängen sich stark geschminkte Damen auf bis zu fünfzehn Zentimeter hohen Absätzen vor den Schmuckauslagen. Wer eine Erdgeschosswohnung im Zentrum besitzt, hat sie in eine Boutique oder Bar verwandelt. Kyrillische Buchstaben auf bonbonfarbenen Türschildern spielten mit meiner Neugier.

In der Lobby meines Hotels wollte man mir Bärengalle verkaufen. Es sollte meine Sehschärfe verbessern. Ich lehnte dankend ab, vertraute doch lieber weiter meiner Brille. Es ist Hochsaison. Viele Gruppen, meistens Rentner aus Europa, wurden in Zweierreihen und mit Orientierungs-Wimpel durch die Stadt geführt.

Es ist Juli, das alljährliche Naadam-Festival ist nicht mehr weit, das war überall zu sehen. Die Vorbereitungen sind in vollem Gange. Das Naadam-Fest ist so was wie die mongolische Variante der Olympischen Spiele. Sie fanden im ganzen Land statt, wurden aber mit dem größten Pomp in Ulan Bator gefeiert. Schon seit geraumer Zeit wurde das wichtigste mongolische Nationalfest aufwändig von der Tourismusindustrie vermarktet. Entsprechend teuer waren die Tickets - für uns sogenannten Nicht-Mongolen, wie an der Kasse im Stadion zu lesen war!

Schon während meiner ersten Stippvisite im Zentrum der Hauptstadt sah ich Hakenkreuze und nazistische Parolen an Häuserwände und Mauern geschmiert. Das war völlig neu für mich. So was hatte ich zwar in Moskau gesehen, aber dort auch vermutet. Aber hier in Asien! Gelegentlich sah man Männer, aber auch Frauen, gekleidet in auffälliger Nazimontur und mit eindeutigen Devotionalien, wie dem Eisernen Kreuz oder der Hakenkreuzbinde. War das nur eine üble Modeerscheinung oder Ausdruck schlechter Gesinnung, und vor allem gegen wen richtete sich die Abneigung?

Tsagaan Khass ist die größte Neonazi-Gruppierung in der Mongolei mit angeblich dreitausend Mitgliedern, las ich später im Internet. Nach außen hin gibt die Bewegung vor, eine Umweltschutzorganisation zu sein, die in erster Linie ausländische Minenunternehmen bekämpft, welche das Land ausbeuten. Man begrüßte sich mit "Sieg Heil" und verstand sich eher nationalistisch als faschistisch – so ein Sprecher der Bewegung in einem Interview. Bekannt ist Tsagaan Khass für eine extrem anti-chinesische Gesinnung.

Die Mongolen waren ein stolzes Volk, fast etwas überheblich könnte man meinen. Dschingis Khan war das unangefochtene Nationalheiligtum. Den Eroberer vergangener Tage in irgendeiner Form zu diskreditieren, konnte sehr schmerzhaft enden, hatte ich mir sagen lassen. Die Mongolen schienen sich eh gerne zu raufen. Wirkten nicht so friedfertig wie ihre Verwandten im Süden. Gewalt in der Ehe ist ein großes Problem. Nicht selten soll es auch vorkommen, dass Ausländer verprügelt werden. Besonders, wenn der Ausländer mit einer einheimischen Frau gesichtet wird. Das stand sogar im Reiseführer. Man wollte keine Zustände wie in Thailand oder auf den Philippinen.

Diese Form der Selbstjustiz betraf insbesondere die ungeliebten Koreaner. Koreaner galten hierzulande als Sextouristen, die sich über die einheimischen Frauen hermachten. Es gab ein koreanisches Viertel, mit Massagen, Saunen und dergleichen. Flüge nach Seoul waren günstig. Auch ich war im Zuge meiner neuen Erkenntnisse auf Vorsicht getrimmt. Besonders nach dem Vorfall mit der mongolischen Ärztin, die ich gestern ins Kino einlud. Aber außer bösen Blicken nichts gewesen.

Armut, und nicht zuletzt die unwirkliche langanhaltende Kälte, trieb die Landbevölkerung in die Hauptstadt. Nur in Ulan Bator gab es das ganze Jahr über Strom. Die Jurte ist bereits im Zentrum der Stadt angekommen. Weiter außerhalb gibt es große Jurtensiedlungen, die wie Stadtteile funktionieren, mit eigenen Namen und Straßen, die sogar auf Stadtplänen verzeichnet sind.

Das Naadam Festival zog sich für mein Empfinden etwas zu sehr in die Länge. Ewiges Warten – ohne zu wissen, was kommen wird. Und die Kommunikation wurde einem hier nicht leicht gemacht. Am wichtigsten war die Eröffnungsfeier – quasi ein Muss für jeden guten Mongolen. Wenn nicht im Stadion, dann zumindest am Fernseher. Unter tobendem Applaus wurden zuerst mongolische Funktionäre und Medaillengewinner vergangener Tage in offenen russischen Jeeps mit Pomp und Gloria durch das 20.000 Zuschauer fassende National-Stadion gefahren. Ganz vorne der Gewinner der ersten Goldmedaille, bei der Olympiade im Jahre 2008. Ein mächtiger Ringer mit großem runden Gesicht. Viele schöne landestypische Trachten, getragen mit aufrechtem Gang. Von den gar nicht so wenigen Touristen mit ihren Kameras und ihrer Neugier nahm man keine Notiz. Man schaute durch uns hindurch. Bogenschießen, Ringkämpfe, Pferderennen und anderes. Dschingis Khan ließ grüßen. Auch viele Frauen waren am Start – in fast allen Disziplinen. Nur der Ringkampf blieb ihnen verwehrt!

CHINA
Yangshou, Herbst 2009

Seit knapp zwei Monaten ist Yangshou, eine Kleinstadt in der südchinesischen Provinz Guangxi meine neue Heimat. Die Region ist bekannt für ihre außergewöhnlich schöne Landschaft mit vielen kegelförmigen Karstbergen, durch die sich anmutig romantische Flüsse schlängeln. Wie in so vielen anderen Städten Chinas hat sich auch in Yangshou das Augenmerk auf den lukrativeren Binnentourismus verlagert - eine Entwicklung, die nicht zuletzt im Stadtbild zum Ausdruck kommt. Angeboten werden Tagestouren in offenen Bussen mit lauter Technomusik, Flussfahrten in lustigen Booten, die an Walt-Disney-Figuren erinnern, sowie Tandemfahrräder für verliebte Pärchen in den Farben rosa oder hellblau. Fotografen bieten Erinnerungsfotos in traditionellen Kostümen vergangener Tage an, und natürlich durfte an einem Ferienort im "Reich der Mitte" die obligatorische Haifischflossensuppe nicht fehlen.

Neben dem Tourismus hat sich Yangshou seit geraumer Zeit ein zweites Standbein geschaffen. Der Ort ist im ganzen Land bekannt für seine guten Englischschulen. Ich hatte mich entschlossen, einen TEFL-Kurs zu belegen, der hier außergewöhnlich günstig angeboten wurde. TEFL ist die Abkürzung für "Teaching English as a Foreign Language" - ein vierwöchiger Lehrgang mit abschließendem Zertifikat, der offiziell berechtigt, als Englischlehrer auf der ganzen Welt zu arbeiten.

Ich unterrichte am Omeida-Language-Institut, der größten und angesehensten Schule in Guangxi, mit etwa hundertdreißig Schülern und rund zwanzig Lehrern. Die zahlungskräftigen Schüler rekrutieren sich aus dem ganzen Land, kommen bisweilen sogar vom entfernten Harbin, einer kalten Stadt im Norden Chinas, unweit der russischen Grenze.

An der Omeida School gibt es sogar Volunteers, musste ich vor kurzem auf meinem Weg ins Klassenzimmer feststellen. Das machte mich wirklich stutzig, ist die Schule doch ein rein wirtschaftlich ausgerichtetes Unternehmen. Der ahnungslose Freiwillige unterrichtet also für lau neureiche Chinesen, die ja immerhin um die vierhundert Dollar pro Monat pro Nase für den Unterricht berappen müssen, und die Taschen von Mr. Omeida, dem ewig lächelnden Chef der Schule, werden immer dicker. Aber so war der Philanthrop schon immer, er denkt nicht viel, sondern er will vor allem Gutes tun. Nun ja, Herrn Omeida gefällt's!

Ich habe mir das Englisch Unterrichten übrigens einfacher vorgestellt. So eine Einheit von anderthalb Stunden muss erst mal über die Bühne gebracht werden. Am besten alle zehn Minuten etwas Neues, denn der Chinese langweilt sich schnell und gerne. Man ist nicht nur Lehrer, sondern gleichzeitig auch Entertainer. Englischschulen sind Big Business in Yangshou. Es gibt vor Ort sogar Schlepper, die unwissende Touristen auf der Straße ansprechen, ihnen den Lehrerjob als abenteuerliche Herausforderung schmackhaft machen, um sie letztlich für eine nette Provision an der jeweiligen Schule zu platzieren.

Der Lehrer an einer Englischschule in China soll bevorzugt eines sein – hellhäutig! Die englische Sprache wird in China vor allem mit europäischer Physiognomie und weißer Haut gleichgesetzt. Handelt es sich bei dem Lehrer zum Beispiel um einen Afroamerikaner, kann das durchaus zu Irritationen führen. Die Eltern des Schülers, die sich meist zur Elite des Landes zählen, stehen am nächsten Tag im Zimmer des Direktors und fragen nach Gründen. So was könne sich in der Nachbarschaft herumsprechen. Und immerhin zahle man ja auch viel Geld, und es gäbe ja auch noch andere Schulen. Zu viele Lehrer afrikanischer oder philippinischer Herkunft an einer Schule können schnell die Seriosität eines Instituts in Frage stellen!

Diese Form von Rassismus kommt nicht zuletzt auch im Lehrergehalt zum Ausdruck. So kommt ein Englisch-Muttersprachler in der Regel auf zehn Dollar die Stunde, während der Afrikaner, meist aus Ghana oder Nigeria stammend, sich mit sechs Dollar begnügen muss.

CHINA
Dali, Frühjahr 2010

Dali, eine Kleinstadt in der südwestchinesischen Provinz Yunnan. Vor gut zehn Jahren war ich schon mal hier. Dali wird grade im Eiltempo umgebaut. Das können die Chinesen gut. Kräne und Bagger allerorts. Denkmalschutz interessierte in diesem Teil der Welt niemanden. Das Alte ist Vergangenheit - das Neue die Zukunft. So dachte der Chinese. Eine mittelalterliche Stadt konnte so in kürzester Zeit zu einem Disneyland für zahlungskräftige einheimische Touristen werden. Da gibt es dann neben unzähligen Souvenirläden Bars im Wild-West-Look, wo die Bedienungen Cowboyhüte und karierte Hemden tragen, oder kleine motorgetriebene Bimmelbahnen, welche die Touristen mit viel Lärm durch enge Gassen karren.

Malcolm McLaren ist von uns gegangen. Das zeigten sie heute Morgen sogar in den Nachrichten von CCTV, dem staatlich kontrollierten chinesischen Fernsehsender. McLaren war an Krebs gestorben, wie so viele Menschen heutzutage in unserer hoch individualisierten Gesellschaft, in welcher man schon feuchte Hände bekommt, wenn man sich nur eine Fahrkarte an einem dieser komplizierten Automaten am Bahnhof ziehen muss, während die im Nacken stehende Schlange nervös auf ihre Armbanduhr schaut. Solche

Stressfaktoren müssen ja zwangsläufig unheilbare Tumore hervorrufen!

McLaren, ehemaliger Lebensgefährte der Modedesignerin Vivien Westwood, hatte Mitte der 70er Jahre den englischen Punk erfunden. Mit den Sex Pistols, der einzigen wirklichen Punkband. The Clash hatte ich nie als Punk empfunden. Da fehlte einfach das dadaistische Moment. Und dann noch dieses musikalische Kokettieren mit dem Reggae und dessen klagender Attitüde. Das empfand ich eher anbiedernd als innovativ. Punk als Begriff hatte für mich nichts mit Völkerverständigung zu tun.

Was mich am Punk, neben einigen wenigen wirklich guten Songs wie *Anarchie in the U.K.* oder *God save the Queen,* faszinierte – als Mode fand ich Punk immer schrecklich –, war die Tatsache, dass man hier eine Jugendbewegung quasi komplett konstruiert und kolportiert hatte. Das war wirklich spannend. Das machte den Punk eigentlich erst bedeutsam. Der revolutionäre Impetus, den man dem Punk in dieser Zeit immer versuchte zuzusprechen, sollte der herrschenden Ordnung eh nicht lange Stand halten. Denn der Punk konnte als gewolltes Spektakel nur kurzlebig sein. Es funktionierte wie Duchamps "Pissoir" oder Malewitschs "Schwarzes Quadrat", in denen sämtliche Denkens- und Verhaltensmuster in Frage gestellt wurden. Als die Negierung aller überlieferten Werte und Normen – wie es gerne in den Pop-Kolumnen beschrieben wurde.

McLaren, der alte Fuchs, erkannte frühzeitig wie man der damals hohen Arbeitslosigkeit, der allgemeinen Unzufriedenheit und dem knorrigen Thatcherismus im Vereinten Königreich ein ästhetisches Gesicht verleihen konnte. Indem er Aggression und zynische Texte mit einem Lumpenlook und einer Sicherheitsnadel kombinierte. Punk wurde schnell zu einem Stil – zur Attitüde bewusster gesellschaftlicher Ausgrenzung. Schockieren wurde schick. Das passte in die Zeit und ließ sich sogar gut verkaufen. Obwohl es McLaren natürlich auch darum ging, die herrschende Ordnung ein wenig zum Tanzen zu bringen. Was ihm ja schließlich kurzfristig auch gelang.

Als Mode hatte sich Punk dann quasi verselbstständigt. Wenn man sich heute die ersten Fotos von Johnny Rotten & Co anschaut, sahen die doch eher aus, wie brave Hochschulkids nach einer ausgiebigen Zecherei.

Es waren letztlich die Medien, die das Spektakel zur Mode machten, indem sie mit ihren Kameras auf jede Sicherheitsnadel und auf jede, auf Schultern sitzende Ratte zielten. Als ich damals noch auf die Berufsschule ging, hatten zwei meiner Klassenkameraden (einer der beiden hatte sich ein großes Gesicht von Sid Vicious auf die Lederjacke gemalt) solch freche Nager adoptiert. Unser Fachkundelehrer tolerierte die neuen Teilnehmer unseres Unterrichts etwas missmutig, dennoch tapfer. Ihm blieb auch kaum eine andere Wahl, denn er galt in der Schule als tolerant und links. Er hätte schnell zum Spießer generieren können. Uns Mitschülern waren die neuen Spaßmacher eh egal - dem damaligen Zeitgeist entsprechend. Wenn man so will, hatte die Ratte in dieser Zeit eine ähnliche Funktion wie das Tattoo heutzutage. Gegenüber dem derzeit immer noch beliebtesten Ausdrucksmittel von Anderssein und Individualität hatte die gute alte Ratte jedoch einen entscheidenden Vorteil für den Konsumenten. Man konnte sich ihrer leichter entledigen, spätestens dann, wenn nach der Pubertät die Banklehre anfing. Sid war übrigens seinerzeit der beliebteste Name, den man seinem neuen provokanten Spielkameraden gab, hab ich irgendwo mal gelesen!

Auch in China gab es Punks und sogar Punkbands. Nicht viele und wenn, dann vor allem in den großen Städten an der Ostküste. In der Regel waren das aber nur Modepunks. Letztlich dennoch eine Form der Abgrenzung von der Gesamtgesellschaft - zumindest auf der Stilebene. Solange Stil nicht gegen die staatliche Ideologie verstoß, war ein "Fuck you" oder ein "Hakenkreuz" auf dem T-Shirt, den chinesischen Herrschenden gefälliger als ein "Free Tibet"-Slogan auf der Brust! Wie lauteten nochmal die vier zu erfüllenden Grundsätze der Partei:

1. An der grundlegenden Linie der Partei festhalten.
2. Das Denken befreien und die Wahrheit in den Tatsachen suchen.

3. Dem Volk mit Leib und Seele dienen.
4. Am demokratischen Zentralismus festhalten.

R.I.P: Ruhe in Frieden, Malcolm, ohne dich wäre die Welt womöglich heute eine andere!

LAOS

Don Det, Sommer 2010

Auf dem Weg nach Kambodscha machte ich noch einmal ein paar Tage Halt auf Don Det – einer Insel im Mekong, umgeben von erdfarbenem Wasser und mit hübscher Vegetation. Im Grunde genommen ist das Ganze ja vielmehr eine Inselgruppe, in den Reiseführern bekannt unter dem Namen "Viertausend Inseln". Ob es wirklich so viele sind, sei dahingestellt. Erst seit kurzem gibt es so etwas wie eine Straße in das nur dreißig Kilometer entfernte Kambodscha – und das eigentlich auch nur für uns Touristen, denn viel zu sagen haben sich die beiden Länder bis heute noch nicht. Ein paar verbliebene Exemplare des Süßwasser-Irrawaddy-Delfins, eine vom Aussterben bedrohte Tierart, tummeln sich hier an dieser Stelle des Mekongs. So um die hundert sollen es noch sein. Gutmütig aussehende Tiere, mit lustigen kleinen Augen und einem frechen Lachen.

Das Leben ist ruhig auf Don Det, wenn man von den vielen motorgetriebenen Langbooten absieht, die im Stundentakt immer wieder neue junge Touristen anliefern. Marihuana ist mehr oder weniger legal auf Don Det – gibt's auf jeder Speisekarte – auch als Happy Pizza oder Happy Shake. Man wohnt in gar nicht mehr so günstigen, aber einfachen Bambushütten und fährt auf geliehenen Bonanzafahrrädern über die steinigen Inselwege.

Don Det ist ein klassisches Backpacker-Paradies, noch nicht ganz so kommerziell wie der große Bruder Vang Vieng weiter oben im Norden, aber stark im Kommen. Vor allem jetzt, da es seit zwei Monaten richtigen Strom auf der Insel gibt. Noch vor kurzem gab es so etwas nur in den frühen Abendstunden, das ganze gespeist durch lärmende Generatoren. Da wird sich wohl zukünftig einiges an der Infrastruktur verändern wie schon zuvor beim großen Bruder im Norden, wo vor ein paar Jahren sogar der alte Wochenmarkt weichen musste, um Platz für neue Hotels zu schaffen.

Bald wird es auf Don Det sogenannte Full Moon Partys geben. Ein lukrativer Trend aus Thailand, der mittlerweile über zwanzig Jahre anhält. Dort werden seit geraumer Zeit sogar schon Half Moon Partys ins Leben gerufen, damit die Kasse klingelt. Natürlich wird auch der sogenannte Bucket - der Plastikeimer - auf Don Det nicht fehlen dürfen. Denn der gehört in Südostasien zu jeder guten Party, und ist, wenn man so will, fast wichtiger als der Mond an sich, bei solch einem Event. Das muss man sich ungefähr so vorstellen: Ein kleiner, zirka ein Liter fassender Eimer aus Kunststoff wird mit Whiskey, Cola, Eiswürfeln, Red Bull, und was das Herz sonst noch so begehrt, gefüllt. Aus diesem ragen dann eine Handvoll bunter Strohhalme. Am Henkel getragen, hoppelt man mit diesem durch die mit Technomusik beschallte Partymenge, umarmt sich selig und begrüßt jeden dahergelaufenen Fremden mit einem "Hello friend, where are you from?". Man zieht dann solidarisch an den Strohhalmen und erzählt sich hektisch, wo man überall schon gewesen ist - seltsamerweise oft an den gleichen Orten. Dann kreischt man aufgeregt und philosophiert darüber, wo es die besten Bars oder Wasserfälle auf der abenteuerlichen Reise gegeben hat. Zum Schluss wundert man sich dann darüber, wie klein doch die Welt ist, lacht laut und tauscht sich zum Abschied auf die Schnelle via Smartphone auf Facebook aus. So konnte das Leben Spaß machen!

Mit der Elektrifizierung kommen dann die ersten Hotels mit Klimaanlage und Kabelfernsehen - so was konnte schnell gehen. Der Ort wird dadurch teurer, die Restaurants besser und luxuriöser. Die sandigen Wege werden durch billigen Asphalt ersetzt. Straßenbeleuchtung hier und da - es wird heller. Das originäre Ambiente verliert sich langsam. Der Tourist findet das gar nicht mehr so gut. Der, der schon mal dagewesen ist, wird sagen: "Vor zwei Jahren war das hier aber noch viel schöner!" - wird dann aber letztlich doch das Hotel mit Klimaanlage bevorzugen, denn auf Don Det kann es vor allem im Sommer sehr heiß werden. Der Tourismus verändert sich im Zuge der Entwicklungen und wird anspruchsvoller. Vielleicht ist das spätestens dann der Zeitpunkt, wenn der erste Puff in Form einer Ladybar auf der Insel eröffnet, je nachdem wie korrumpierbar der Ortsvorsteher ist. Glücklicherweise sind sie in Laos, was ausschweifende Lebensformen anbelangt, meist etwas strenger als bei den Landesnachbarn.

Hier auf Don Det ist die Welt noch in Ordnung. Noch gibt es keine Autos und die I-Pod-Generation schlendert brav und friedlich, gerne auch mal barfuß oder mit freiem Oberkörper über den heißen Inselsand. Noch sind die Körper straff, und auch die Tattoos wollen schließlich gesehen werden. Von den einfachen in den Fluss ragenden Terrassen der Restaurants beobachten wir bei Coconut Shakes und Beer Lao die arme Inselbevölkerung bei der Arbeit. Welch ein Müßiggang. Wir lassen uns bedienen, den lieben langen Tag. Lächeln dafür aber solidarisch und geben uns unglaublich verständnisvoll. Wir lesen "Mr. Nice" oder Gregory Roberts Aussteiger-Bestseller "Shantaram". Ach, es ist so friedlich und obendrein auch noch schön billig. Eine tolle Kombination - passt einfach wunderbar zu unserem Lebensentwurf. Wir erfreuen uns an der Einfachheit des laotischen Landlebens, hängen faul und nutzlos in Hängematten, zwirbeln uns kesse Löckchen und lassen uns lustige Bärtchen wachsen. Leicht berauscht haben wir endlich das wahre Leben verstanden. Zumindest für diesen Augenblick – es ist ja nicht für immer. Ja, so lässt es sich aushalten, auf der schwülen Insel im erdfarbenen Mekongwasser.

VIETNAM
Hanoi, Herbst 2010

Da war ich gestern in so einer Bar in Hanois Backpacker-Zentrum. Livemusik gab es. Eigentlich war die Auswahl gar nicht so schlecht, etwas Chili Peppers und Oasis auf der Akustikgitarre. Nach ein paar Bierchen drück ich da mal ein Auge zu. Aber dann kam es, meine ganz persönlichen Hass-Rockballaden wurden zum Besten gegeben. Und das im Doppelpack! Das Lonely-Planet-Publikum bewegte andächtig und bierselig die Lippen zu den abgedroschenen Melodien von *Hotel California* der Eagles und *Stairway to Heaven* von Led Zeppelin und wippte im Takt kollektiv mit den Flip-Flops. Furchtbar, wenn es zwei Stücke gibt, die im Grunde genommen richtiger Scheiß-Mainstream sind, aber trotzdem in das Universum der Evergreens, als die besten Rocksongs der Popgeschichte eingegangen sind, dann sind das diese beiden Gassenhauer!

Ich dachte ja immer, dass ich im Zuge meiner Rumtreiberei alle Tricks kenne, wie Einheimische vor Ort versuchen, ahnungslosen Touristen das Geld aus der Tasche zu leiern. Da gibt es zum Beispiel im indischen Neu-Delhi einen raffinierten Trick, indem einem Touristen braunes übelriechendes Zeug mit einer Spritz-pistole auf den Schuh gespritzt wird. Das Ganze sieht aus wie Scheiße. Der Tourist bekommt von der Aktion natürlich nichts mit. Plötzlich taucht ein Schuhputzer auf, schmeißt sich dem erstaunten Touristen vor die Füße, macht diesen hektisch auf das Malheur aufmerksam und beginnt emsig an den Schuhen zu reiben. Das Ganze hat natürlich seinen Preis. Nach getaner Arbeit ist man plötzlich umringt von einem ganzen Bataillon von Schuhputzern, und der ausstehende Betrag wird mit viel Diskussion und Aufruhr äußerst hartnäckig eingefordert.

Der Milchtrick. Da kommt eine arme, verhärmte Frau in Kalkutta mit einem krank aussehendem Baby auf dem Arm daher und jammert: "My baby needs milk, please help me, Mister!" Nun ja, denkt der Tourist, das geht ja nun gar nicht, ich lebe hier wie die Made im Speck und hier fehlt`s an Milch. Die Dame mit dem Baby führt einen zielstrebig zu einem Shop. Und nein, sie bestellt nicht die kleine Milchpackung, sondern unverzüglich den Zehn-Liter-Trockenmilch-Eimer der Marke Nestlé, der dann in meinem Fall fünfunddreißig Dollar kosten sollte. Was sucht eigentlich diese teure Büchse in diesem Ramschladen? Das Ganze ist natürlich abgesprochen, und sobald die Zeche gezahlt ist, geht der Pott wieder zurück, und der Gewinn wird geteilt. Der Milchtrick wurde übrigens wegen des großen Erfolges bis nach Kambodscha exportiert, durfte ich bei meinem letzten Besuch in Siem Reap beobachten.

In China gibt es auch einen netten Trick. Hübsche junge Dame spricht einen an, meist in einer Shoppingmall. Das übliche Geplänkel vorweg: Where you from, what's your job, etc.. Nachdem ein wenig Vertrauen eingekehrt ist, fragt die aparte Kleine, ob man denn nicht Lust hätte, einen Tee zu trinken - um sich etwas näher kennenzulernen. Nun ja, Tee ist ja nicht allzu teuer, denkt man, und lass uns doch mal schauen, was draus wird. Es geht dann, auch in diesem Falle zielstrebig in ein nah gelegenes Restaurant. Die Dame gibt sich auf dem Weg äußerst charmant.

Etwas stutzig war ich natürlich schon - aber meine Neugier überwog. Als sie gerade bestellen wollte, fragte ich dann doch noch mal schnell, ob ich denn die Karte mal sehen dürfe. "Why", fragte sie mit einem angestrengten Lächeln: "You don't trust me?" Nun ja: "Of course I trust you, but in Germany we always look at the menu before we order, is our custom, you know." Nach einigem Gezeter erscheint nach endlosen Minuten widerwillig die Speisekarte. Ein gewöhnlicher Tee sollte vierzig Dollar kosten. Ganz schön teuer, dachte ich, die angespannte Kleine meinte, wir könnten uns ja ne Kanne teilen?! Ach, denk ich, jeder also ne Kanne?! Mal schnell für hundert Dollar Tee trinken?! Kurzum, das nette Mädel mutierte binnen Sekunden zur Furie. Plötzlich war ich ein Drecksack und Geizhals, der - man achte darauf - ihre wertvolle Zeit gestohlen habe. Ist das nicht schön, da will mich jemand übers Ohr hauen und ich stehle dieser Person auch noch die Zeit?! Sie hätte jetzt ihr Gesicht verloren, keifte die Hübsche, sie hoffe, sie würde mich nie wieder sehen! Noch viele hübsche Mädels haben mich nach dieser kleinen Anekdote in Peking angesprochen, um mit mir Tee trinken zu wollen. Seltsam!

Gestern Nachmittag war es dann endlich soweit, mein ganz persönlicher, absoluter Lieblingsscam tauchte aus dem Nichts auf. Dass ich darauf so lange warten musste!

Romantische Fahrt mit einem kleinen landestypischen Bambusruderboot durch eine verträumte Landschaft im Norden Vietnams. Der klein gewachsene Bootsfahrer, ein hagerer, netter Reisbauer, fängt an, während seinen ersten Ruderschlägen mein Vertrauen zu gewinnen. Er zeigt mit seinen knochigen Fingern immer wieder auf einen der zahlreichen Karstberge, murmelte mantramäßig "beautiful", während er verschmitzt durch seine fauligen Zahnstumpen lacht. So paddeln wir so dahin, wobei die Taktzahl der Ruderschläge nach kurzer Zeit fast zum Erliegen kommt. Er tut kund, dass er ungemeinen Durst hätte. Mist, leider ist kein Wasser an Bord. Sein Gesichtsausdruck nimmt an Leiden im Minutentakt zu, und mit zunehmend dünner werdender Stimme fistelt er immer wieder: "Water, water!" Schlechtes Gewissen. Komm her, ich rudere, sag ich. "Need water, water", der Mann drohte zusammenzubrechen. Die Szene erinnerte mich irgendwie an einen alten Spielfilm, wo jemand in der Wüste am Verdursten ist und um Wasser fleht. Plötzlich, quasi aus dem Nichts, taucht ein anderes Boot gleicher Bauart auf und der Bootsmann schreit uns lauthals entgegen: "You want to buy cold water?" Das ganze natürlich zu einem absurden Preis. Sogar Snickers hatte er an Bord!

KAPITEL III: ASIEN

ASIEN
Everything in its Right Place

Die Welt ist entdeckt. Fast zumindest. Kaum noch Geheimnisse. Entzaubert durchs Internet? In Jakarta oder Kuala Lumpur sieht eine Einkaufspassage aus wie in der westlichen Welt. Nein, eher größer! Die exotischen Winkel, die kleinen Pensionen, die sogenannten Sehenswürdigkeiten liegen alle am großen Gemeinplatz. Jeder Zentimeter durchorganisiert. Touristenviertel, so groß wie das Münchner Oktoberfest. Mit ähnlich schmerzhaftem Trubel. Nach Südostasien verirren sich wohl heutzutage die meisten Reisenden. Afrika, der nahe Osten oder Lateinamerika sind zu gefährlich geworden. Hier ist das Leben bequem und billig. Es lässt sich gut aushalten. Die Besucherzahlen steigen kontinuierlich. Man fängt an, sich auf die Füße zu treten. Die Wohnsilos für Ausländer in Manila, Bangkok, Phnom Penh und sonst wo werden luxuriöser und höher.

Südostasien macht es uns leicht. Die Leute lachen ständig, auch wenn es nicht immer ganz ehrlich ist. Ist eben mehr eine Angewohnheit. Das Essen ist gut, und die soziale Ordnung ist noch weitestgehend intakt. Und dann noch diese tolle Exotik. Insbesondere Thailand, Vietnam und Kambodscha verkommen zunehmend zu dekadenten Aussteigerparadiesen. Die industrialisierte Überflussgesellschaft macht es möglich. Die Systemgewinner der westlichen Hemisphäre lassen sich in diesem Teil der Welt nieder - wie Schmeißfliegen auf einem Kuhfladen.

Jedes Jahr werden wir mehr und treiben die Mieten nach oben. Gehen uns bei der Optimierung unserer Lebensrestlaufzeit gegenseitig auf den Senkel. Der eine mag die Franzosen nicht. Der andere findet die Russen vulgär oder den Australier zu laut. Schlecht integrierte Miniparallelgesellschaften ohne wirklichen Kontakt zur einheimischen Bevölkerung?

Dennoch, auch wenn heutzutage vieles organisiert und geneppt erscheint, das Fernweh bleibt. Reisen ist immer noch ein wunderbarer Schwebezustand.

IRAN
Masuleh, Frühjahr 2007

Ich lernte Mari in Masuleh in den grünen Bergen im iranischen Nordwesten kennen. Sie managte die drei kleinen Ferienwohnungen für Paare in den Flitterwochen, die ihr Vater vor einigen Jahren errichtete und, wenn man so will, die Familie mit dem Notwendigsten versorgte. Sie war hübsch, hatte eine fröhliche Art, war ledig und unerfahren. Mari sprach wenig Englisch. Immer wenn es etwas zu klären gab, trug sie bereits das Wörterbuch unterm Arm. Wenn ich auf meinem kleinen Balkon saß und Gitarre spielte, lauschte sie andächtig unten im Hof und nuschelte unentwegt: "Very, very good!"

In den wenigen Tagen, die ich hier in diesem kleinen Bergdorf, unweit der aserbaidschanischen Grenze verbrachte, war in Maris Augen alles immer "Very, very good". Mein Name, dass ich aus Deutschland kam, die Spaghetti, die ich kochte, dass ich keine Kinder hatte und vor allem dass ich nicht verheiratet war. Eben einfach alles. Besonders mein MP3 Player hatte es ihr angetan. Die Musik, die sich darauf befand, war schließlich "Very, very good". Das machte mich dann doch etwas stutzig, denn eigentlich hätte ihr meine Musik aus ihrem Kulturverständnis heraus nicht gefallen dürfen. Hatten doch schon viele Westeuropäer Probleme mit Gruppen wie Radiohead, The Smiths, Belle & Sebastian oder was sich sonst noch so auf dem Player befand.

Als ich gestern Probleme mit dem Wasserboiler im Bad hatte, bat ich sie zu mir herauf in meine Behausung. Während sie mir die Zündvorrichtung erklärte, kam sie mir für iranische Verhältnisse ungewöhnlich nah. Unabsichtlich berührten wir uns. Ich hatte das Gefühl, dass ihr Körper zitterte. Auch mich durchlief ein leichter Schauer. Verlegen zupfte sie ihr Kopftuch zurecht und lächelte mich mit ihren großen schwarzen Augen an. Gab es für so etwas im Iran schon die Haftstrafe? Ich wusste es nicht. War da nicht vor einigen Jahren dieser deutsche Geschäftsmann, der nach einer Affäre mit einer Iranerin nur knapp der Todesstrafe entronnen war?

Diese recht harmlose Angelegenheit zwang mich zu ernsthafterem Nachdenken. Ich empfand plötzlich Mitleid mit Mari und all den iranischen Frauen, die schon ab ihrem neunten Lebensjahr ein Kopftuch tragen mussten. Nur um das männliche Geschlecht nicht übermäßig zu strapazieren, so ähnlich steht es zumindest im Koran. Das heißt, keine männliche Berührung, keine Umarmung oder einen Kuss bis zur Heirat. Wie sehr befanden sich doch die kulturellen und politischen Regularien der islamischen Welt im Widerspruch zum menschlichen Trieb, oder nennen wir es einfach zur menschlichen Natur. Nichts anderes als eine akzeptierte Form der Freiheitsberaubung, legitimiert durch mittelalterliche Sichtweisen. Die kleine Mari war ja immerhin schon dreiundzwanzig Jahre alt, das heißt, spätestens seit ihrem sechzehnten Lebensjahr spürte sie eine Form des Verlangens, ohne eine Möglichkeit der Erwiderung zu erhalten. Und ich ging mal einfach davon aus, dass Verlangen hierzulande nicht anders geartet sein dürfte als bei uns im Westen. Oder lässt sich Verlangen kulturell oder politisch regulieren? Die kleine Mari wird also bis zu ihrer Heirat ihrer besten Jahre beraubt. Und das nur, weil ein gewisser Herr Khomeini das im Jahre 1979 festlegte und die politische Elite des Landes dieses altertümliche Konzept bis heute unverändert lässt!

Die iranischen Männer hatten es da schon etwas leichter, obwohl es auch ihnen nicht ganz einfach gemacht wurde. Die Sittenpolizei hatte ihre Augen schließlich überall, damit die Spielregeln der Ayatollahs nicht verletzt wurden. Auch wenn es bis zum heutigen Tag verboten ist, in den Medien eine Frau ohne Kopftuch abzubilden, hatten fast alle Männer, die ich bisher auf meiner Reise durch dieses Land kennengelernt habe, mindestens ein bis zwei Sexfilmchen auf ihrem Handy abgespeichert. Diese wurden dann gerne prahlerisch in der Männerwelt herumgezeigt. Man lachte und johlte. Näherte sich bei solch einer Zurschaustellung unerwartet ein weibliches Wesen, wurde sofort auf den neusten persischen Popschmachtfetzen umgeschaltet, und man grinste sich die Unschuld ins Gesicht. Die Frauen sollten schließlich züchtig bleiben und nicht verdorben werden!

Das Handy verhalf der Gesellschaft aber auch zu einer Nische der Freiheit im überregulierten iranischen Staat, was den Mullahs gar nicht schmecken sollte. Da es Frauen und Männern gesetzlich verboten ist, öffentlich untereinander Kontakt aufzunehmen, wenn sie nicht verheiratet sind oder aus der gleichen Familie stammen, ermöglicht die neue technische Errungenschaft immerhin, dass unterschiedliche Geschlechter beim Vorbeigehen schnell mal die Telefonnummern austauschen können. Gegen Fortschritt und Technologie sind manchmal selbst die wachsamsten Sicherheitsorgane machtlos.

Wie in vielen anderen islamischen Ländern gingen auch im Iran viele junge Männer zu Prostituierten, um ihre Unschuld zu verlieren. Unter den wachsamen Augen der Ordnungspolizei war ein solcher Besuch bei einer Prostituierten eine überaus aufwändige, gefährliche und auch teure Angelegenheit. Solch ein Unterfangen verlangte sorgfältige Planung, Organisation und Geschick. Um Allah zumindest etwas milde zu stimmen, wurde man vor dem Liebesakt sogar verheiratet, um gleich danach wieder geschieden zu werden. Nur so konnten die Vorgaben der heiligen Schrift des Propheten halbwegs eingehalten werden, und man befand sich wieder auf halbwegs legalem Terrain. Ohne diesen verlogenen Trick kann solch ein Vergehen zur Todesstrafe führen, erzählte mir mein neuer Freund Shahin, ein Student aus Teheran.

Shahin schilderte mir gerne und mit allergrößter Freude minutiös, wie ein solches Treffen abzulaufen hatte, was es kostete und wie es geplant werden musste. Das Ganze schien mir so aufwändig und gefährlich, dass es mich von der Logistik her an einen Überfall auf eine Bankfiliale einer kleineren deutschen Randgemeinde erinnerte. Aber was tut der Mensch nicht alles für seltsame Dinge, um seinen Instinkten und Trieben zu folgen.

THAILAND
Nong Khai, Frühjahr 2007

Nong Khai, eine Kleinstadt im Nordosten Thailands, gelegen am Ufer des Mekongs. Auf der anderen Seite der großen Lebensader Südostasiens liegt das weitaus ärmere Laos. Von den Restaurants der jeweiligen Ufer kann man sich quasi gegenseitig zuwinken. Das ruhige beschauliche Nong Khai hat sich mit der sogenannten Friendship Bridge, die beide Länder miteinander verbindet, auf den Warenexport in das immer noch kommunistisch regierte Laos eingestellt. Ich wollte eine Nacht in dieser zunächst doch eher unspektakulären Kleinstadt verbringen. Ein wenig Feldforschung in der Provinz, bevor es zurück nach Deutschland gehen sollte.

Schon wieder fast achtzehn Monate unterwegs. Unaufhaltsam tickt die Zeit von der Vergangenheit in die Zukunft. Schon seit Monaten habe ich das Gefühl, dass es an der Zeit sei, eine Auszeit zu nehmen - vom Leben "on the road". Nicht unbedingt aus finanziellen Gründen, sondern vielmehr wegen: zuviel gesehen und erlebt. Dinge werden gewöhnlich, ohne dass man es will. Mein neugieriger Blick war nicht mehr intakt. Auch die guten alten Adidas-Samba-Turnschuhe sind durch, sie taugen einfach nichts mehr, seit sie in Indonesien gefertigt werden. Meine in die Jahre gekommene Nikon-Kamera ist nunmehr völlig am Ende, und auch mein Reisepass ist bis zur letzten Seite zugekleistert mit Visa und Stempeln. Vor Kurzem kriminalisierte ich mich sogar selbst, indem ich sorgfältig den indonesischen Visasticker von einer der Seiten des Passes entfernte, um Platz zu schaffen für ein allerletztes Laos-Visum. Die noch leicht klebrige Seite, auf dem sich das indonesische Einreisedokument befand, versuchte ich anschließend mit Rasierwasser zu reinigen. Ohne großen Erfolg. Der laotische Grenzbeamte hatte es aber glücklicherweise nicht bemerkt.

Es war noch früh am Mittag, als ich mit meinem Gepäck die Gasthäuser von Nong Khai nach einem erschwinglichen Zimmer abklapperte. Ich kam an einer Bar vorbei mit dem ungewöhnlichen Namen Scandinavian Bakery. An einem der Tische saßen so etwa um die zehn abgehangene ältere Männer. Ab fünfundfünfzig Jahre aufwärts mit Schweißperlen auf der Stirn. Der Tisch stand voller Bierflaschen, und einer der Herren war hässlicher als der andere. Es wird einem ja in der westlichen Welt immer eingeredet, dass wahre Schönheit von innen kommt. Diese schien man mir an diesem Tisch bereits versoffen zu haben. Hoffentlich ende ich nicht irgendwann auch mal so, fährt es mir unweigerlich durch den Kopf.

Ziemlich schnell wurde mir bewusst, dass sich das unspektakuläre Nong Khai wirtschaftlich ein zweites Standbein geschaffen hatte. Man hatte sich auf Expats eingestellt, also im Ausland lebende Ausländer. Viele betagte Männer aus der Ersten Welt haben sich in der Grenzstadt niedergelassen, um mit ihrem Geld das Beste aus ihrer Lebensrestlaufzeit rauszuholen. Für rund hundert Euro im Monat konnte man sich vor Ort bereits ein Apartment mieten. Das Essen war günstig, und natürlich gibt es dort, wo Nachfrage entsteht, auch Mätressen. Graumelierte Herren, oft fast zwei Meter groß, mit wuchtigen Oberarmen, halten an der Hand kleine, um die 1,50 Meter große, schokoladenbraune Mädchen, die buchstäblich auf Zehenspitzen gehen mussten, um an die Hand ihres Liebhabers zu reichen. Das sah manchmal schon etwas komisch aus.

Nachdem ich in einem lausigen Hundert-Baht-Zimmer eingecheckt hatte (es war mal wieder etwas Zeit zu leiden, nach dem Luxus der vergangenen Wochen), wollte ich zum örtlichen Bahnhof, um mir ein Ticket für den Nachtzug am darauffolgenden Tag nach Bangkok zu besorgen. Herauszufinden, wo sich dieser befand, gestaltete sich schwieriger als zunächst gedacht, da die Thais immer noch so schlecht Englisch sprechen wie vor zwanzig Jahren. Der Bahnhof lag vier Kilometer außerhalb des Zentrums. Ich wollte zu Fuß hin. Nicht zuletzt, um das Städtchen näher kennen zu lernen. Ich ließ mir das Wort "Bahnhof" in Thai auf ein Kärtchen schreiben, um den Weg zu meinem Ziel besser zu finden. Ungläubig schüttelten die Thais immer wieder den Kopf, wenn ich sie nach dem Weg fragte. Notorisch zeigte man, um sein Gesicht zu wahren, mit dem Finger auf ein Tuk Tuk. Die Strecke wäre doch viel zu weit ohne fahrbaren Untersatz. Eine Entfernung, die größer als fünfhundert Meter ist, wird in Asien nicht zu Fuß gegangen. Ein Phänomen, dass ich wohl nie verstehen werde. Zu Fuß gehen ist in Asien einfach uncool – auch wenn man kein Geld hat!

Auf dem Rückweg vom Bahnhof machte ich dann nochmal Halt in einem Internetcafé. Neben mir saß ein gepflegter, älterer, nach Rasierwasser duftender, in weißem, schicken Hemd gekleideter Franzose. Er machte auf Geschäftsmann oder NGO-Mitarbeiter. Dieser Typus trat in den letzten Jahren immer häufiger in das Erscheinungsbild der Touristenszene. Man gibt sich gepflegt und weltmännisch, macht auf sogenannten "Elder Statesman" – also auf eine respektierte ältere Person, die es im Leben zu etwas gebracht hat.

Der Franzose kicherte ständig leise vor sich hin, was nach einer Weile meine Neugier entfachte. Ich schaute mit meinem linken Auge vorsichtig schielend rüber auf seinen Bildschirm, um herauszufinden, worüber sich unser vermeintlicher Gentleman denn so amüsierte. Er schaute sich zu meinem Entsetzen Videos an, auf denen Tiere auf bestialische Art und Weise zu Tode gequält wurden. Ich wusste gar nicht, dass es so etwas gibt, muss aber auch dazu sagen, dass ich darüber nie ausführlicher nachgedacht habe.

Ein Hund war da zu sehen, den man an seinen Hinterläufen an zwei Haken aufgehängt hatte. Ein Mann war dabei, diesem bei lebendigem Leibe das Fell abzuziehen. Das Tier wand sich und jaulte vor Schmerz. Es war eine lange anstrengende Prozedur. Denn so einfach ließ sich das Fell des Hundes, ohne Hilfsmittel wie einem Messer oder ähnlichem, nicht von dessen Körper trennen. Das Fell wurde ihm sprichwörtlich vom Hinterteil über die Ohren gezogen. Um das Spektakel scharten sich wilde, einfache Männer, die lachten. Dem Video nach zu urteilen, muss es irgendwo in Zentralasien oder Pakistan gedreht worden sein. Auch unser Franzose schien, je mehr sich das Tier quälte, an Freude zu gewinnen. Irgendwann, nach fünf langen Minuten, war es endlich so weit. Der Hund war nackt! Er sah aus wie ein Alien aus einem Fantasy-Streifen, war aber erstaunlicherweise immer noch am Leben. Er zuckte noch vor sich hin. Man schmiss das Tier auf den Boden, und ein letztes Mal hob die Kreatur ihren Kopf und schaute ungläubig in die staunende Menge. Dann drehte er langsam seinen Kopf nach links und rechts. Ich hatte plötzlich das Gefühl, dass er mich mit seinen traurigen Augen, an denen sich sogar noch die Wimpern befanden, anschaute. Er vermittelte mir die Botschaft: "Warum habt ihr das mit mir gemacht, was hab ich euch denn getan? Was seid ihr bloß für seltsame Wesen, ihr Menschen!" Er legte langsam seinen Kopf zur Seite und verschied. Mir kamen die Tränen, was eher selten passiert, und ich verspürte in diesem Augenblick einen unglaublichen Hass auf den Franzosen. Dieser hatte das mittlerweile schon bemerkt und warf mir einen abfälligen Blick zu. Nach dem Motto: "Misch dich nicht in meine Angelegenheiten ein." Er stand auf und verschwand, scheinbar befriedigt, auf seinem Motorroller. Ich blickte ihm hinterher und ärgerte mich, dass ich ihm keins in die Fresse gehauen hatte!

Wo befindet sich die Grenze zwischen Toleranz und Zivilcourage? Hier agierte ich ohne Zweifel sicherlich zu feige! Das Video verfolgte mich zur Strafe noch den ganzen Rest des Tages, bis tief in die Nacht. Gegen ein Uhr morgens schlief ich dann endlich in meinem moskitoverseuchten Hundert-Baht-Zimmer ein.

THAILAND

Bangkok, Sommer 2008

Ich bin in der Khaosan Road in Bangkok, dem wahrscheinlich größten Backpacker-Ghetto auf unserem Globus. Das Ganze hat was von einem großen Rummelplatz. Dreadlocks, Tattoos, Hotpants, Trolleys und Nasenringe. Jeder für sich was Besonderes. Bangkok ist immer noch Drehscheibe Nummer eins in Südostasien, obwohl Kuala Lumpur lauert. Hier kommen die meisten Leute an oder fliegen ab. Vor zwanzig Jahren Mallorca, heute Thailand. Spaß haben steht ganz oben auf dem Wunschzettel. In der Khaosan ist alles erhältlich. Von der illegal gebrannten CD, über gefälschte Klamotten vermeintlicher Luxuslabels bis hin zum getürkten Studenten oder Presseausweis. Sogar Liebe wird zu später Stunde feilgeboten.

T-Shirts mit Aufdrucken, lustigen Symbolen oder versteckten Botschaften sind der ganz große Renner in den unzähligen Souvenirläden, oft für weniger als fünf Dollar zu haben. Ganz oben in der Käufergunst der unangefochtene Klassiker, das "Same Same but Different" T-Shirt, dessen genaue Aussage ich bis heute noch nicht verstanden habe. Dicht dahinter die T-Shirts mit den üblichen Kampftrinker-Sprüchen oder sexistischen Slogans. Natürlich befinden sich im Sortiment auch Logos und Konterfeis von diversen Popbands oder Personen, die für das Gute auf dieser Welt stehen. In letzterer Sparte sind wohl immer noch Bob Marley und Che Guevara ganz vorne mit dabei. Seit geraumer Zeit erfreuen sich aber auch T-Shirts mit politischen Aussagen besonderer Beliebtheit, um der Gesinnung Ausdruck zu verleihen.

Da gibt es beispielsweise ein T-Shirt, das die Konterfeis von Adolf Hitler und das des derzeitigen amerikanischen Präsidenten George W. Bush jr. gegenüberstellt. Darunter in gut lesbaren Buchstaben: "Same Shit, Same Asshole". Eine andere T-Shirt-Variante zeigt das Gesicht von Herrn Bush und das Abbild einer behaarten Vagina, darunter die Aussage: "Good Bush, Bad Bush"! Kurzes Schmunzeln. Am liebsten sind mir ja immer noch die T-Shirts ohne jegliche Botschaft, das heißt ganz ohne Aufdruck und ohne Markenemblem. In der heutigen Zeit leider kaum noch zu finden.

Allerspätestens seit es feststeht, dass Barak Obama für die Demokraten im Land der unbegrenzten Möglichkeiten als Präsidentschaftskandidat antritt, fallen die Preise für Anti-Bush-T-Shirts auf dem Weltmarkt fast täglich auf ein neues Allzeittief. Die Ware muss vom Markt, bevor der derzeit liebste Bösewicht unserer Welt in Vergessenheit gerät. Denn ohne Aktualitätsbezug, wird sie gänzlich wertlos. Die Zeit wird knapp, nur noch sechs Monate sind es bis zur Wahl im Land der unbegrenzten Möglichkeiten. Da bleibt der hiesigen T-Shirt-Industrie nicht mehr viel Zeit, um sich nach einem neuen Teufel umzuschauen. Einer, der sich gut vermarkten und vor allem die Kasse klingeln lässt. Der Bösewicht muss gut erkennbar sein, er soll bevorzugt aus dem freien Westen kommen, damit beispielsweise religiöse Gefühle nicht verletzt werden. Und nicht zuletzt muss er auch von den Medien global als ein solcher stilisiert oder doch zumindest erkannt werden. Erst wenn der Bösewicht all diese Tests durchlaufen hat, kann man ihn zu Geld machen!

Es war schon eine seltsame Komik, die sich während (okay, sie dauert ja noch etwas an) der zwei Bush-Legislaturperioden abspielte. Vor allem der Zeitraum, in welchem die Anti-Bush-Hysterie ihren Zenit erreichte, den ich so geschätzte drei bis vier Jahre vorher einordnen würde, hatte etwas von Absurdistan. Bush jr. wurde durch seine Sünden und mit Hilfe der Medien zum universellen Prügelknaben der Weltgemeinde stilisiert. Menschen, die sich sonst kaum für Politik interessierten, trugen plötzlich Anti-Bush-T-Shirts. Wenn man nur seinen Namen hörte, kam man schlecht drauf. Über Bush zu schimpfen, war weniger verfänglich, als übers gestrige Fußballspiel zu plaudern. Politik wurde auf einmal Smalltalk. Alle schienen sich einig, man lag quasi nie falsch und hatte anschließend sogar das Gefühl, etwas Gutes, sprich etwas Gerechtes, getan zu haben. Mit Bush jr. hatte man es uns noch nie so einfach gemacht, über Politik zu reden. Er war omnipräsent. Alle anderen Bösewichte auf dieser Welt - und von denen gab und gibt es auch heute noch reichlich - kamen durch die Dominanz des amerikanischen Präsidenten fast gänzlich ungeschoren davon. Das war schon eigenartig.

Bush erinnerte mich auf politischer Bühne an einen ruppigen zornigen Mittelfeldspieler einer Fußballmannschaft, der nur schwer vom Ball zu trennen war. Er zog alle Gegner auf sich, um seinen politischen Mitakteuren freien Raum zu gewähren – damit diese unbehelligt einlochen konnten! Auf meinen letzten zwei Reisen durch Pakistan wurde mir immer wieder versichert, dass hinter jedem Bombenanschlag George W. Bush jr. stecken würde – und Bombenanschläge gab es viele in Pakistan. Man könnte sagen, sie gehören zur Tagesordnung. Ein Moslem würde so etwas nie machen, versicherte man mir immer wieder, das verbiete nämlich der Koran.

Bush avancierte zu einem politischen Jesus, der – ob er wollte oder nicht – für alles Unheil auf dieser Welt stand und ans Kreuz genagelt wurde. So funktionierten wir. Über ihn zu schimpfen, war so was, wie Buße tun, obwohl es uns vielleicht gar nicht wirklich tangierte. Man konnte beim Kiosk um die Ecke eine Schachtel Zigaretten klauen. Und wenn man danach über Bush schimpfte, hob sich die Tat quasi wieder auf – ja, sie neutralisierte sich. Das war ein klasse Konzept. Ein guter Bekannter von mir war während des Höhepunktes der Anti-Bush-Euphorie sogar völlig davon überzeugt, dass George W. auch bei dem mysteriösen Tod von Kurt Cobain seine Finger im

Spiel hatte. Obwohl - passt das eigentlich zeitlich zusammen? Da muss er wohl noch Senator oder Bürgermeister irgendwo in Texas gewesen sein. Nun ja, ein guter Bösewicht übt sich früh.

Wie schön, dass spätestens im Oktober dieser große Unheilsbringer von der politischen Bühne komplett abtreten muss, anders als Putin, der ja über einen gelungenen Streich immer noch am Hebel sitzt. Hoffentlich wird sich die Welt mit Obama zu einer besseren verändern. Aber was wird aus uns und unserem Ablasshandel, den Medien, den Arbeitsplätzen in der T-Shirt-Industrie usw.? Brauchen wir nicht einen neuen Prügelknaben, einen, der unsere selbstlose positive Gesinnung untermauern kann?

Heißer Tipp für alle, die nicht lange nachdenken wollen. Wie sieht es denn aus, mit dem sudanesischen Pol Pot, Präsident Umar al-Baschir, der Rächer von Darfur. Ich gebe zu, sein Name lässt sich etwas schwer merken, aber wer ein wenig recherchiert, wird schnell feststellen, dass er es als Bösewicht ohne Weiteres mit George W. aufnehmen kann. Oder wie wäre es denn mit dem simbabwischen Diktator Robert Mugabe? Über zwanzig korrupte und verbrecherische Jahre im Amt. Seine affenähnliche Physiognomie würde sich doch gut auf jedem T-Shirt machen ...

Halt, nein! Bei genauerem Nachdenken sind diese Herren wohl doch nicht so geeignet. Sie sind zwar auch ziemlich böse - aber dunkelhäutig! Zu verfänglich, zu viele Konnotationen – nicht uneingeschränkt alltagstauglich. Zu schnell könnte man mit deren Konterfei in ein falsches Licht geraten. Anderer Vorschlag: Wie sieht es denn aus mit dem neuen Lebenspartner des italienischen Exmodels Carla Bruni, Monsieur Nicolas Sarkozy? Der schafft es doch auch immer wieder, für Furore zu sorgen, und die Medien machen ja derzeit auch ganz ordentlich mit. Mit seinen gerade mal zwanzig Amtsmonaten als Präsident der Grande Nation ist er ja noch relativ neu im Geschäft – aber als neuer Bösewicht stark im Kommen und sicherlich noch ausbaufähig!

VIETNAM
Sa Dec, Herbst 2012

Aus Liebesfilmen hab ich mir nie viel gemacht. "Der Liebhaber", eine französische Produktion aus dem Jahre 1991, bildet eine der wenigen Ausnahmen. Regie führte in der Romanze, die sich in den 1930er Jahren in Vietnam ereignete, Jean-Jaques Annaud, welcher für die Schlussszene des letztlich doch recht kostspielig produzierten Films, sogar einen alten Dampfer aus Zypern kommen ließ. Als Vorlage diente der gleichnamige autobiografische Roman von Marguerite Duras.

Duras, die ihre Kinder- und Jugendjahre in der damals französischen Kolonie Vietnam verbrachte, schrieb ihren bekanntesten Roman erst mit über siebzig Jahren, als sie durch Zufall auf alte Schulhefte und Familienfotos stieß. Es war der leichteste Roman, den sie je geschrieben habe, sagte sie später einmal in einem Interview. Das Buch wurde 1984 mit dem Prix Goncourt, dem bekanntesten französischen Literaturpreis, ausgezeichnet.

"L'Amant" war einer der ersten westlichen Filme, der in Vietnam nach der Wiedervereinigung 1967 gedreht werden durfte. Unter staatlicher Aufsicht versteht sich, deshalb mussten die zum Teil doch recht ausschweifenden erotischen Szenen in Paris gedreht werden. Als der Film 1992 in die Kinos kam, waren Zuschauer und Kritiker zunächst tief enttäuscht! Was letztlich wohl ganz normal ist, wenn man ständig das Buch vor Augen hat. Aber welches gute Buch lässt sich schon adäquat verfilmen?! Die Autorin selbst war über die Inszenierung seinerzeit derart verärgert, dass sie mit dem Regisseur nicht mehr sprechen wollte. Später als sich der Aufruhr etwas legte, heimste "The Lover" dennoch einige Filmpreise ein, insbesondere was die Kameraführung betraf. In einem Filmforum wird "Der Liebhaber" (etwas süffisant) als einer der "größten kolonialen Mekong Heimatfilme" aller Zeiten geadelt.

Der Mekong, die wichtige Lebensader Südostasiens, mündet im südlichen Vietnam in einem Netz von Flussarmen, die durch einige Kanäle verbunden sind, in das Südchinesische Meer. Über Ha Tien, an der kambodschanischen Grenze im Südwesten Vietnams, ging es für mich zunächst nach Can Tho, der Hauptstadt des Mekong-Deltas. Dann über unzählige Brücken und Flussarme weiter gen Osten in Orte mit Namen wie Tra Vinh und Vinh Long, um schließlich in Sa Dec anzukommen!

In Sa Dec verbringt Marguerite Duras ihre Jugendjahre, wo sie Huynh Thuy Le, den Liebhaber, kennenlernt. Der Film ist schnell erzählt: Nach dem Ende der Schulferien kehrt die damals fünfzehnjährige Französin nach Saigon zurück, wo sie ein Pensionat besucht. Auf der Fähre über den Mekong begegnet sie einem zwölf Jahre älteren, gutaussehenden und offensichtlich wohlhabenden Chinesen. Trotz oder vielleicht gerade wegen ihrer Gegensätze fühlen sich die beiden unwiderstehlich zueinander hingezogen, und es entwickelt sich eine leidenschaftliche Affäre, die zur Zeit der französischen Kolonialherrschaft in Indochina, völlig inakzeptabel ist.

Sa Dec ist heute eine 100.000 Einwohner zählende quirlige Stadt, bekannt für seine Blumenproduktion. Annaud verfilmte den "Liebhaber" in Saigon (Ho-Chi-Minh-Stadt) und in Sa Dec. Vorzugsweise an Originalschauplätzen. Die Hauptrolle ist mit der damals achtzehnjährigen Jane March als junge Duras mehr als optimal besetzt.

In Sa Dec stehen heute noch vereinzelt ein paar Kolonialvillen aus der Zeit des Liebhabers. Der Markt und einige alte Pagoden existieren auch noch. Auch das Haus des Liebhabers und die Schule, in der Duras` Mutter damals lehrte, sind noch erhalten. Das kommunistische Vietnam ist gegenwärtig, ähnlich wie China, an Denkmal- und Architekturpflege nur wenig interessiert. Alte Bauten weichen billigem Neuen. Ästhetische Grundsätze finden im praktisch orientierten Vietnam kaum Anwendung. Das schönste an Vietnam, und hier scheint sich tatsächlich ein sozialistisches Moment bis in das Jahr 2012 bewahrt zu haben: Es gibt wenig Autos. Autos zur privaten Nutzung werden in Vietnam mit zweihundert Prozent besteuert.

Vietnam

Im über neunzig Millionen Einwohner zählenden Vietnam fährt man Roller. Ach ja, bevor ich es vergesse, für die Romantiker: Huynh Thuy Le, der Liebhaber von Sa Dec, hat sich nach der Veröffentlichung des Romans bei Duras nach über fünfzig Jahren telefonisch gemeldet und ihr gebeichtet, dass er sie bis dato nicht vergessen könne!

INDIEN
Kalkutta, Winter 2011

Die Howrah-Brücke in Kalkutta. Bereits 1988, auf meiner ersten Indienreise, habe ich dieses gigantische Monster aus Stahl in mein Herz geschlossen. Die während des Zweiten Weltkriegs von den Engländern gebaute Howrah Bridge, welche das Zentrum Kalkuttas mit dem noch ärmeren Stadtteil Howrah verbindet, ist seitdem meine absolute Lieblingsbrücke auf diesem Globus. Die Howrah-Brücke gilt immer noch als die verkehrsreichste Brücke der Welt. Neben unzähligen Autos, Lastwagen und Motorrollern wird sie von einem endlosen Fußgängerstrom, Kühen und anderen Tieren benutzt. Sie lebt und knarrt, riecht nach Schweiß und Abgasen. Auf der Howrah leben Menschen, sie werden dort geboren und nicht wenige sind auf ihr gestorben. Einige sogar gezeugt, unter einer dreckigen Decke!

Kalkutta, die etwas in die Jahre gekommene Hauptstadt des ehemaligen Britischen Empire, heißt seit einigen Jahren Kolkata. Ein Streich der indischen Regierung, um nicht permanent an die Kolonialzeit erinnert zu werden. Bombay heißt jetzt Mumbai und Madras nennt sich seit einiger Zeit Chennai. Auch Straßen, Bahnhöfe, Parks sowie Brücken wurden umbenannt. Die Howrah Bridge trägt heute den Namen

Rabindra Setu. Eine Reminiszenz an den großen bengalischen Dichter, Rabindranath Tagore, dem ersten Nobelpreisträger Indiens. Nach dem Ehrenbürger Kalkuttas wurde vieles in Indien benannt. Straßen, Parks, kulturelle Einrichtungen. In des Dichters Residenz, die man in Form eines Museums besichtigen kann, hängt ein altes Foto aus den 1930er Jahren, welches Tagore zusammen mit Albert Einstein zeigt. Tagore übrigens mit weitaus wilderer Frisur als der Vater der Relativitätstheorie.

Kalkutta zieht heute auffällig viele junge japanische Touristen an. Am liebsten sitzen sie den lieben langen Tag auf der alten Holzbank vor der Tirupati-Garküche in der Sudder Street (dem Backpackerzentrum Kalkuttas), mit einem Teller Hakka-Nudeln auf dem Schoß. Außerhalb der Sudder Street habe ich in Kalkutta noch nie einen Japaner gesehen. Die durch Dominique Lapierres Bestsellerroman "City of Joy" initiierte Franzosenwelle scheint hingegen in den letzten Jahren etwas abgeklungen zu sein. Auch das Volontieren im Mutter-Teresa-Haus ist etwas aus der Mode gekommen – so meine Beobachtung. Zuviel schlechte Presse. Hingegen lieben es ältere, alleinstehende Herren, so um die Sechzig Plus, schon seit längerem, während des kurzen indischen Winters gleich mehrere Monate im kalkuttischen Chaos zu verweilen.

Lapierres "Stadt der Freude" ist immer noch meine absolute Lieblingsmetropole auf dem Subkontinent.

Sie zieht immer wieder unweigerlich in den Bann. Mit der Teerung der Kopfsteinpflaster vor einigen Jahren wurde ihr allerdings einiges des brüchigen imperialen Charmes geraubt, der mich immer so faszinierte. Schade. Trotzdem, Kalkutta bleibt gespenstisch und unwirklich genug.

Noch immer prägen die vielen bulligen Ambassador-Taxen das Straßenbild. Das erste Auto made in India ist dem englischen Morris Oxford der fünfziger Jahre nachempfunden. Schwere Gefährte, die fast an Panzer erinnern, aus unendlich dickem Blech, kaum kaputt zu kriegen. Noch immer ziehen die Rikscha Wallahs (Mann auf Hindi) barfuß ihre kolonial anmutenden Gefährte mit der Hand durch die engen, schmutzigen Gassen. Schon seit langem will man sie verbannen von den Straßen. Zu unmenschlich kommen sie daher. Passen nicht in das neue Jahrtausend, nicht mal in Indien! Insbesondere während der Monsunzeit, wenn das Wasser in den stinkenden Straßen Kalkuttas nicht mehr abfließen will, erfreuen sich die hohen Gefährte großer Beliebtheit. Noch immer zieht ein Heer von Frauen mit Babys auf dem Arm bettelnd durch die Sudder Street. Unentwegt auf der Suche nach Milchpulver für die kleinen Schreihälse, welches danach gegen Bares wieder eingetauscht wird. Das Geld geht abends nach der Schicht an den Mafiaboss. Nur seinen abgerichteten und lizenzierten Krüppeln und Milchpulverfrauen ist es gestattet, in der Sudder Street ahnungslose Neuankömmlinge anzubetteln. Erst vor kurzem habe ich wieder gehört, dass Kindern Arme und Beine gebrochen wurden, damit sie als Krüppel mehr erbetteln können. Günter Grass, der sich während einer längeren Schreibblockade Ende der 1980er Jahre mal eine Weile von Kalkutta inspirieren lassen wollte, bezeichnete die Stadt nach seiner etwas missglückten Mission – als einen "großen Scheißhaufen Gottes"!

Die Howrah-Brücke ist eine der letzten großen Stahlauslegerbrücken, die gebaut wurden. Das ist so was wie eine Hängebrücke, bei der Stahlträger die Funktion der Aufhängung übernehmen. Die Howrah-Brücke überspannt mit einer Länge von 705 Metern den schlammigen Hooghly-Fluss, einen Mündungsarm des heiligen Ganges, der sich vor Kalkutta gabelt, um dann in die bengalische Bucht zu fließen. Die Installation der Brückenpfeiler in den etwa dreißig Meter tiefen Schlamm des Flussbettes gestaltete sich besonders schwierig. Der Stahlfachwerkbau ragt 97 Meter in die Höhe und ist mit acht Fahrbahnen ausgestattet. Fast alle Stahlteile kamen seinerzeit aus indischen Fabriken, worauf man in Indien auch heute noch besonders stolz ist. Fotografieren ist strengstens verboten. Patrouillierende Polizisten – ja, es gibt sogar ein eigenes Büro auf der Brücke – sorgen dafür, dass dies eingehalten wird. Bei Verstoß droht ein üppiges Bußgeld. So steht es zumindest auf den zahlreichen Hinweisschildern. Ein Musterbeispiel indischer Paranoia – denn das Ding wurde mindestens schon 100.000 Mal fotografiert!

INDIEN
Mamallapuram, Herbst 2012

Mamallapuram, ein kleiner Küstenort im Bundesstaat Tamil Nadu, mit schmutzigem Strand, der von den Fischern gerne als öffentliche Toilette genutzt wird. Kaum einer badet hier. Am Strand liegt Müll und gelegentlich auch mal eine vertrocknete Seeschlange. Die Einheimischen scheint das nicht sonderlich zu stören, sie wundern sich nur, warum immer weniger Touristen kommen. Die Kundschaft in Mamallapuram besteht hauptsächlich aus Franzosen, was wohl am nahe gelegenen Pondicherry liegt, der ehemaligen französischen Enklave an der Bengalischen Bucht. Der weltbekannte Sri-Aurobindo-Ashram, der sich in der Umgebung von Pondicherry befindet, trägt sein Übriges zum Francotourismus in dieser Region bei. Die Lebenspartnerin des großen Yoga-Asketen Aurobindo, mit dem Pseudonym "The Mother", war Französin.

Man kann es aushalten in Mamallapuram. Zwar fällt hier gut fünfzehn Stunden am Tag der Strom aus, und das Bier ist wegen der hohen Alkoholsteuer in Tamil Nadu für indische Verhältnisse unverschämt teuer, dafür gibt es aber viele lauschige Restaurants mit westlicher, recht guter Küche. Dazu unzählige Souvenirshops mit den üblichen Hippie-Klamotten sowie anderem, absolut unbrauchbarem Schnickschnack. Vor den Geschäften sitzen gelangweilte Händler aus Kaschmir, welche uns Touristen auf Schritt und Tritt taxieren und in nervige Gespräche verwickeln. Gespräche, die leider nur eines zum Ziel haben: Ware zu verkaufen. Ferner gibt es in Mamallapuram zahlreiche, dubios anmutende Ayurveda-Kliniken, sowie auch die wahrscheinlich beste Auswahl an Secondhand-Buchläden in ganz Südindien.

Nicht selten sieht man mal eine in die Jahre gekommene Europäerin mit einem jungen Inder an der Hand durch den siebten Himmel des Subkontinents streifen. Alles da, was der zivilisationsmüde Aussteiger braucht. In Mamallapuram wird es nie langweilig.

Ich sitze in einem Restaurant mit dem eher unspektakulären Namen Buddha, geführt von einem Franco-Indo-Pärchen. So steht es zumindest unten am Eingang auf dem Schild. Der indische Part ist männlich, andersrum wäre das äußerst unüblich in Indien. Hier oben von der Dachterrasse hat man einen guten Blick auf die Hauptkreuzung des vor kurzem neu asphaltierten Örtchens. So weiß man immer genau, wer kommt und wer gerade geht. Es ist heute etwas regnerisch, der Monsun hätte eigentlich längst vorbei sein müssen. Aber auch in diesem Teil der Welt spielt inzwischen das Klima verrückt.

Für mich gibt es gerade eine wohlschmeckende Pasta mit Garnelen. Die Uhr zeigt 13:10 h. Unten schleicht gerade wieder dieser Hippie vorbei mit dem Abraham-

Lincoln-Bart (über der Lippe wächst nichts) und bis zum Gesäß reichenden Rastalocken. "Mensch Junge, siehst du scheiße aus", fährt es mir unwillkürlich durchs Hirn, während ich mir eine Garnele in den Mund schiebe. "Viel zu konstruiert und überladen, dein Stil. Zu bunt die Kombination deiner Klamotten. Weniger ist mehr." Er scheint hier länger zu verweilen, hab ihn schon ein paar Mal gesehen. Tippe auf Italiener. Ein guter Freund aus Bangalore fragte mich einmal: "Warum tragt ihr Rucksackreisenden eigentlich immer diese schrecklichen Bauernklamotten?!" Und da ist ja auch dieser hinkende Straßenhund, den kenn ich auch schon, der muss von einem Moped oder so angefahren worden sein. Hinten links kann er mit dem Bein nicht mehr richtig auftreten. Armes Tier.

Eine Hardcore-Variante kommt links vom Strand auf die Kreuzung. Ganz in Schwarz. Der Schmerbauch des Mittdreißigers drückt empfindlich auf die Knöpfe seines Hemdes. Tätowierter rechter Arm und an beiden Ohren große auffällige schwarze Piercings. Flesh-Tunnels nennt man das, glaub ich, heute. Gesichtsbehaarung und ein schwarzes Käppi. An der dreiviertellangen schwarzen Hose, befindet sich auf Gürtelhöhe eine schwere silberfarbene Kette, welche wohl die Geldbörse beschützen soll. Dazu schwarze Skater-Turnschuhe aus Wildleder mit weißer Sohle. Er sieht aus wie ein Klon von Fred Durst, dem Frontmann der amerikanischen Nu-Metal-Band Limp Bizkit. Wer weiß, vielleicht ist er es ja ...

Kurz darauf schwebt ein Herr mittleren Alters, der stark an Rainer Langhans erinnert, mit allerfeinstem lockigen Haar und Nickelbrille in einem Flammenhemd auf schwarzem Grund, wie es sonst nur Teenager tragen, über die Kreuzung. Sehr schön. Endlich mal was Anderes. Dann fährt plötzlich ein weißer Kleinwagen der indischen Marke Tata vor, der aussieht wie alle Kleinwagen heutzutage. Indien passt sich an. Er parkt auf der gegenüberliegenden Seite, direkt vor der Treppe, die hoch zum "Tina Blue View"-Restaurant führt. Acht junge, alkoholisierte indische Männer steigen aus der kleinen Büchse, kokettieren, jauchzen und machen auf dicke Hose. Was für eine nervtötende aufgesetzte Szene. Einfach schrecklich, diese Einfachheit mancher Menschen. Ein halbes Dutzend indischer Zigeunerjungen mit fast blonden, von der Sonne ausgebleichten Haaren verkaufen Halsketten. Leider möchte niemand welche haben. Vier Ketten zum Preis von hundert Rupien.

Der Boy des Restaurants legt eine neue Trance-CD ein, um sich dann wieder ausgiebig seinem Handy zu widmen. Inder lieben Handys. Er wirkt bedächtig und stolz, mit aufrechter Distanz, nicht so schlüpfrig und Trinkgeld fixiert wie der indische Durchschnitts-Kellner. Das tut gut. Auf seiner rechten Schulter hat er eine Hindugottheit tätowiert. Ich blicke wieder auf meine Kreuzung. Stilbewusste junge indische Pärchen in engen Röhrenjeans und mit Hornbrillen, aus dem nur sechzig Kilometer entfernten Chennai, der tamilischen Hauptstadt, mischen sich unter die Traveller-Szenerie. Demonstrieren, dass Indien aufgeholt hat. Eine großgewachsene ältere Dame, in weißem Baumwollgewand und orange gefärbten Haaren, betritt das Buddha-Restaurant. Unten schiebt sich ein Reisebus aus Kerala mit der Aufschrift "Incredible India" über die Kreuzung. Tagestouristen, wahrscheinlich Franzosen, steigen aus und zücken wie programmiert ihre Kameras.

Die Uhr zeigt mittlerweile 13:46! Genug beobachtet. Irgendwie will heute auf der Kreuzung nicht so richtig was passieren. Oder ist doch was passiert? Ich nehme mir eine von den französischen Modezeitschriften aus dem Regal, die wohl von dem weiblichen Part des Franco-Indo-Pärchens stammt.

KAMBODSCHA
Banlung, Sommer 2014

Deutschland steht nach einem sensationellen Halbfinale im Endspiel gegen Argentinien. Mit etwas Glück können wir heute Abend zum vierten Mal Weltmeister werden. Ich bin in Banlung, einer Stadt im äußersten Nordosten von Kambodscha. Etwas kühler ist es hier. Irgend so ein kalter Wind, der aus dem nah gelegenen Vietnam herüberweht, soll für dieses angenehme Klima verantwortlich sein. Und das ist gut so, denn es ist Juli.

Schon gestern habe ich mich mit dem Fahrrad auf die Suche nach dem ultimativen Platz für dieses besondere Fußball-Event begeben. Das war gar nicht so einfach. Denn das Spiel findet hier, in diesem Teil der Welt, durch die Zeitverschiebung erst am frühen Morgen um zwei Uhr statt. Außerdem besitzt Kambodscha alles andere als eine Fußballkultur. Aber so ganz alleine auf dem Hotelzimmer? Das hatte keinen Stil - eher was Trauriges.

Nach längerer Suche habe mich für das Alee-Café entschieden. Es wurde betrieben von einem Kanadier, oder besser gesagt, er hatte es für seine kambodschanische Freundin gebaut und sogar nach ihr benannt. Das nenne ich Liebe! Ein schmucker, großer, offener Bau, aus feinem Holz mit einem schönen Blick ins

Grüne. Er war ein netter, äußerst wortkarger Mann, der schon morgens anfing mit dem Trinken. Der Aschenbecher neben ihm war immer bis zum Rand gefüllt. Er saß immer auf dem gleichen Barhocker, den Blick in die Natur gerichtet. Nach der zwanzigsten Dose Angkor-Bier ging er in der Regel nach unten zum Schlafen, meinte er – das sei dann so meist gegen 21 Uhr.

Auf ein Uhr morgens habe ich mir den Wecker gestellt. Dunkel ist es. Kaum Straßenbeleuchtung und mein Fahrrad hatte kein Licht. Gut, dass ich meine Hausaufgaben gemacht hatte, und wusste, wo ich hin wollte. Zum Alee-Café waren es gut drei Kilometer. Einmal auf die andere Seite der Stadt. Totenstille. Alles andere als WM-Stimmung. Ich radelte etwas schneller. Ein oder zwei Bier vor dem Anpfiff konnten nicht schaden, dachte ich mir.

Nichts war vorbereitet. Der Kanadier musste erst mal geweckt werden. Dann lange Suche nach dem geeigneten Fernsehkanal. Anpfiff. Alles andere als euphorische Stimmung. Nun ja, wir sind ja bescheiden. Immerhin, das Bier gab es heute zum WM-Preis für einen Dollar die Dose. Nach gut einer Viertelstunde Endspiel, gesellte sich letztlich noch ein israelischer Amateur-Schiedsrichter, so um die dreißig zu uns, der war aber für Argentinien. Das konnte ich ihm nicht verdenken. Der Kanadier schlief während des Spieles immer mal wieder für fünf Minuten ein.

Endlich Abpfiff. Eins zu Null. Mensch, wir sind

Weltmeister. Ja auch du, wir alle Deutschen. Und das ganze vier Jahre lang. Schön, wie Götze die Flanke von Schürrle angenommen hat, quasi rein geflogen ist, mit der Brust angenommen, gestoppt, wie athletisch und mit welcher Präzision, einfach Klasse. Und dann gegen die Laufrichtung des Gauchos volley eingeschossen. Alles toll!

NEPAL
Kathmandu, Frühjahr 2015

Am 25. April, so ziemlich genau um zwölf Uhr mittags, fing die Erde an zu beben. Ich saß gerade in einer Pension in einem Bergdorf mit dem Namen Thulo Syabru und wartete auf ein spätes Frühstück.

Ein lauter Knall ließ uns aufhorchen. Schnell raus. Kreischende Frauen, zitternde Bäume, grollende Felsbrocken und einstürzende Häuser. Erdrutsche. Ja, ganze Berge brechen plötzlich in sich zusammen. Hilflosigkeit und Angst. Ist das jetzt ein Erdbeben, oder geht die Welt unter? Wie soll man sich verhalten? Nach einigen Minuten endlich Pause. Die Erde ist wieder ruhig. Hoffnung. Ist jetzt alles vorbei? Und dann schon wieder so ein lauter hässlicher Knall. Zeichen, dass es wieder losgeht. Verdammt. Die Erde bebt wieder. Schlimmer noch als zuvor. Minutenlang. Wann ist dieser Alptraum endlich vorbei? Schnell rüber zu dem großen Baum, da drüben - da ist der Boden fester. Pause. Stille - und ängstliches Wimmern. Dann bebt der Boden wieder - und immer wieder. Es ist zum Wahnsinnigwerden!

Ich bin immer noch schreckhaft. Sensibilisiert und dünnhäutig. Das hat richtig gesessen. Jede zugeschlagene Kofferraumklappe erzeugt einen Augenblick des Schreckens. Die nepalesische Hauptstadt befindet sich im

Ausnahmezustand. Über mir das notorische Brummen der Rettungshubschrauber. Vor zwei Stunden bin ich in Kathmandu gelandet mit einem Armeehubschrauber - einem Chopper - nach sieben endlos erscheinenden Nächten unter einer Zeltplane. Mal wieder Glück gehabt. Viel Glück sogar!

Israel bot seinen Landsleuten die beste Evakuierung. Dann kamen die Franzosen, Skandinavier und Kanadier. Deutschland, Italien und Großbritannien übertrug die Evakuierung an die völlig überforderte, inkompetente nepalesische Armee.

Es gab Tote in Thulo Syabru. Glücklicherweise nicht allzu viele. Der Ort stand auf festem Grund und blieb somit vom Schlimmsten verschont. Wir sammelten Holz und haben die Leichen gleich am nächsten Tag verbrannt, wegen der Seuchengefahr. Während des endlosen Wartens auf einen Hubschrauber erzählte man sich schaurige Geschichten. Die meisten klangen wie aus einem Katastrophenfilm. Ein Deutscher aus Lüneburg, meiner Heimatstadt, den ich im Lager kennenlernte, saß bei Apfelkuchen auf einer dieser Aussichtsterrassen. Etwas weiter unten, ungefähr zwei Stunden Fußmarsch vom Dorf entfernt, als ihn das Beben überraschte. Die komplette Terrasse, mit rund zehn Bergwanderern, krachte rund hundert Meter tief in den reißenden Fluss. Er konnte sich gerade noch retten. Sein Gepäck, seine Schuhe und sein Bargeld stürzten mit ab.

Über tausend EU-Bürger gelten eine Woche nach

dem Beben immer noch als verschollen – habe ich soeben in den Nachrichten gehört. Viele werden wohl nie gefunden. Zwei Tage vor dem Beben übernachtete ich noch im Langtang Village, dem Hauptort der Wanderroute, mit rund fünfzig Pensionen, Restaurants und allem, was dazu gehört. Ein Gletscher löste sich durch das Beben und begrub das komplette Dorf unter einer zehn Meter hohen Lawine aus Schlamm, Eis, Schnee und Felsbrocken – so groß wie Einfamilienhäuser. Dort soll es keinen einzigen Überlebenden gegeben haben, wird erzählt. Man ist nicht mal in der Lage, die Toten zu bergen.

Gestern Nacht gab es nochmal ein Beben von 3,7 auf der Richterskala. Bis dato wurden hundertzehn Nachbeben gezählt. Die Bewohner von Kathmandu trauen sich nicht mehr in ihre Häuser und kampieren im Freien.

Exodus. Tausende Nepalesen verlassen die Hauptstadt und pilgern nach Hause in ihre Dörfer. Es gibt keine Arbeit mehr für sie. Manche sind bis zu zwei Wochen unterwegs, auf zerstörten, lebensgefährlichen Pfaden. Und auch wir Europäer versuchen, das Land schnellstens zu verlassen. Zu groß ist die Angst, dass es noch schlimmer kommen könnte. Man bekommt kaum noch einen Flug, der kleine Flughafen der Hauptstadt ist komplett überfordert. Viele Europäer kampieren bis zum Abflug auf dem Gelände des Präsidentenpalastes oder auf einem Botschaftsgelände. Wollen wegen der vielen Nachbeben kein Risiko mehr eingehen. Mitglieder von Hilfsorganisationen aus aller Welt laufen in Overalls mit gut sichtbarem Landesemblem durch die engen Straßen. Präsenz zeigen. Schleppend beginnen die Aufräumarbeiten. Man geht davon aus, dass die Touristen erst in fünf bis sieben Jahren nach Nepal zurückkommen werden. Das sei so eine Art Faustregel nach schweren Katastrophen, sagt man mir.

Ich habe mich in ein halbwegs solides Vierzig-Dollar-Hotel mit Generator einquartiert. Ich bin der einzige Hotelgast. Schlafe in voller Montur, mit umgeschnalltem Geldgürtel und wohne im Zimmer mit dem kürzesten Fluchtweg zum Ausgang!

KAMBODSCHA
Phnom Penh, Sommer 2015

Ein Tag jagt den nächsten. Und diese Einfachheit der Leute hier. Und dieses ewig verlogene Grinsen. Sein Gesicht nicht verlieren, nennt man das in diesem Teil der Welt: "Please no responsibility, we are not used to that!"

Aber immerhin, Kobane wehrt sich, ist noch nicht gefallen. Gut so, wir drücken die Daumen. Vorgestern noch edler Freiheitskämpfer in der taz. Heute blutrünstiger Gotteskrieger. Die erlebte Wirklichkeit hat ihren Turbo angeschmissen. Wo bleiben eigentlich die relativierenden Worte von unserem verwöhnten Adoptivsöhnchen Jakob Augstein?

Hat schon was von surrealem Theater, ich meine die türkischen Panzer an der Grenze zu Syrien. Und dann die hochdekorierten Militärs mit ihren argusäugigen Feldstechern. Komisch. War die Solidarität, vorvorgestern, während des Mohammed-Karikaturen-Streits in der muslimischen Gemeinde nicht irgendwie heimeliger? Brave New World - das Mittelalter lässt grüßen!

Während der Westen des asiatischen Kontinents im Wahnsinn versinkt, treiben Tag für Tag nette Erbschaften, zivilisatorische Einsamkeit und eine immer deutlicher wahrgenommene Lebensrestlaufzeit, neue Glücksritter in den gar nicht mehr so billigen Südosten von Asien.

Insbesondere in das arme Kambodscha, nicht zuletzt wegen seiner großzügigen Visaregeln. Die individualistisch-dekadente Variante des Neokolonialismus! Völkerwanderungen allerorts. Von der Armut über Lampedusa ins vermeintliche Paradies - vom Wohlstand in die Armut wegen Kaufkraft und sozialem Status. Rasant steigen sie, die Mieten in den Zentren der kambodschanischen Städte. Die einheimischen Verlierer werden in die billigeren Vororte gejagt.

KAMBODSCHA

Sihanoukville, Frühjahr 2016

Victory Hill in Sihanoukville, gelegen am Golf von Thailand. Beschreiben wir es kurzum als ein dekadentes Billigaussteigerplätzchen. Der Begriff Endstation würde aber auch gut passen. Im Grunde genommen nicht mehr als ein paar Häuser und Gassen. Die eine Straße mit billigen Restaurants, die sich preislich gegenseitig unterbieten. Die andere mit Girlie-Bars, die sich Sahara, Tropicana oder The Crazy German Sausage nennen. Fast jede Bar ist zu verkaufen, so fühlt es sich zumindest an. Die Idee vom Aussteigen bis zur Ankunft in der Realität, dauerte in Kambodscha oft nur wenige Monate. Auch das Foggy Notion wird gerade umgebaut. Als ich das letzte Mal hier war – kaum ein paar Monate her – gehörte es noch einem Neuseeländer, der lange Zeit in Südkorea als Englischlehrer arbeitete. Er wirkte nicht besonders zufrieden und hatte eigentlich nie Gäste. Nur ich saß manchmal bei ihm, während er mir seine Lieblingssongs auf Youtube vorspielte. Er hatte seinen Aussteigertraum nach dem gleichnamigen Velvet-Underground-Song benannt.

Es war Mitte März, die Saison ging ihrem Ende zu. Es wurde jeden Tag heißer. Die Gäste weniger. Nur die, die kein wirkliches Zuhause hatten, waren noch hier. Auf dem Victory Hill gab es keine Benimmregeln. Da konnte man morgens zum Frühstück auch mal ein Bier vom Fass trinken oder den in die Jahre gekommenen Oberkörper zur Schau stellen. Das störte hier niemanden, war eher normal. Die Einheimischen hatten sich daran gewöhnt und fragten nach dem vierten Bier um zehn Uhr morgens immer noch freundlich: "One more beer Mister?"

Neunzig Prozent der Gäste waren Männer. Abends an jedem Tisch ein einsamer Mann vor einem Bierglas. Lichtes Haar, Gehstöcke am Tisch lehnend, Bäuche, verblassende Tattoos, Pattaya-T-Shirts und Zigaretten! Abbild der Globalisierung. Zuhause ein Würstchen, in Kambodscha ein Fürstchen. Oder doch nicht? Leichtigkeit konnte auch verdammt schwer sein!

An den bunten Hawaiihemden konnte man in der Regel die in Rente gegangenen US-Amerikaner erkennen. Dann waren da noch die Russen, die stilistisch eigentlich so schlecht sind, dass sie kaum einzuordnen sind. Obwohl es weniger geworden sind, seit der Rubel so im Keller ist.

Seit einiger Zeit gibt es auf dem Hill das Mojo, so ne Art Alternativbar. Dunkle Patina kombiniert mit Klosprüchen. Nett gemacht. Betrieben von dauerumnebelten Franzosen. Vor zwei Tagen versackte ich dort. Tolle Musik. An *Rock the Casper* von den Clash kann ich mich noch erinnern. Eigentlich eher ein schwaches Stück dieser Band. Ein kahlköpfiger Ausländer tanzte nur mit Unterhose bekleidet, über den abgewetzten Boden des

Mojos. Und wedelte um Aufmerksamkeit ringend, lauthals lachend mit seinem Gemächt umher. Das amüsierte mich. Zumindest, als ich dort war!

Und natürlich gab es auch Deutsche auf dem Berg. Vor allem bei Mr. Heng traf man sich. Wo man bereits für zwei Dollar gut speisen konnte. Auch hier ging es um Rente und Krankheiten, aber auch um die derzeitige Politik in der Heimat. Merkel hatte gerade einen Deal mit Erdogan ausgehandelt. Das Thema des heutigen Morgens. Und der hatte es tatsächlich in sich. Um die eigenen Grenzen nicht schließen zu müssen, sollten die Türken die inhumane Aufgabe übernehmen und die Flüchtlinge aufhalten. Man wollte sich selbst die Finger nicht schmutzig machen. Passte nicht zu den Vorstellungen eines modernen Europas? Für jeden illegalen Flüchtling, dem die Flucht über die Ägäis gelänge, sollte im Austausch ein Legaler kommen dürfen. Auf solch eine Idee musste man erst mal kommen. So ne Art Flüchtlingskarussell. War da nicht damals in unserer WG dieser Aufkleber am Kühlschrank: "Kein Mensch ist illegal"?!

Keine fünf Minuten mit dem Moped von Mr. Heng und dem Mojos entfernt, hat sich vor einigen Jahren ein reicher Russe niedergelassen. Quasi auf dem höchsten Punkt des Berges hat er sich unter seinen Gemächern ein Privatmuseum von der Größe einer kleineren Turnhalle errichtet. Für zwei Dollar können Normalsterbliche, so um die zwanzig top restaurierte, amerikanische

Straßenkreuzer aus den 50er und 60er Jahren bewundern. Die ganze Pracht umgeben – von aufwändigen Aquarien mit bunten Korallenfischen. Zwischen den Autos lebensgroße Pferde aus Kunststoff. Was für ein bizarrer Einfall unter der Sonne Kambodschas. Unweit des Museums sorgte eine privat errichtete russisch-orthodoxe Kirche dafür, dass die Landsmänner nicht auf den falschen Weg gelangten. Denn vor kurzem gab es hier noch einen Krieg im russischen Mafia-Milieu, der von der kambodschanischen Presse mit Aufmerksamkeit verfolgt wurde. Aber wer bezahlte eigentlich die Gehälter der russischen Priester und Diakone?

KAMBODSCHA
Phnom Penh, Sommer 2016

Regenzeit. Die Temperatur steigt am Tage kaum noch über dreiunddreißig Grad. Dafür ist es luftfeuchter. Ich habe mir ein Apartment genommen, in der 172ten Straße, unweit des Königspalastes. Der Morgenlärm dringt von der Straße durch die offene Balkontür. Die Mopeds werden immer lauter. Fast schon so laut wie die in Indonesien. Aufmerksamkeit erzeugen um jeden Preis. Von meinem Bett aus kann ich die obersten Bauteile der goldenen Dächer des königlichen Anwesens, hinter den ganzen Kränen und Baugerüsten, gerade noch so sehen. Nicht mehr lange. Phnom Penh wird täglich höher. Der Nescafé neben mir ist noch zu heiß, um ihn zu trinken.

Ich absolviere gerade meinen allmorgendlichen Pressespiegel. Online versteht sich. In gewohnter Manier ging ich sie alle durch. Von der taz über die Zeit bis zur Welt. Was will man uns heute sagen und wie unterscheidet sich die Berichterstattung? Sich heutzutage nur auf eine Zeitung zu verlassen, reicht nicht mehr. Zuviel Netiquette. Die Medienwelt ist grausam geworden. Spiegel online und taz machen es einem derzeit besonders schwer. Manchmal beschleicht mich sogar das böse Gefühl, der eine oder andere Text sei computergeneriert.

Viele Artikel halte ich gar nicht bis zum Ende durch und klicke schon nach der Schlagzeile auf die Leserkommentare. Die sind meist ehrlicher und ideologiefreier.

Portugal ist gestern ziemlich unverdient Europameister geworden. Aber so ist das manchmal im Fußball. Nicht immer gewinnt der Bessere. Ist wie im wahrem Leben. Ronaldo hat mal wieder geheult. Aber warum sollen Männer nicht weinen dürfen? War, glaube ich, auch mal eine dieser unsäglichen Mediendebatten. Ist aber schon ne Weile her. Ein alter Freund von mir sagte immer: "Fußball ist wie das wahre Leben." Alles zeichnet sich dort in irgendeiner Form ab. Kapitalismus, Zufall, Doppelmoral, Hass, Fehlentscheidungen, Sieg und Niederlage.

In der Rigaer Straße in Berlin werden seit Tagen Flaschen geworfen. Autos brennen. Vor allem die der Menschen, die in der Regel die höheren Steuersätze berappen müssen. Ein altes jüdisches Haus wurde besetzt. Letzte Bastion gegen Gentrifizierung und Kapitalismus, sagen die "politischen Aktivisten". Schutzsuchende sollen dort untergebracht werden, sagen die "Investoren". Um was geht es eigentlich wirklich? Oder will man nur ein wenig mit dem "Rechtsstaat" spielen - seine Schwächen sichtbar machen?

Bei solch speziellen Themen tut sich die deutsche Presse immer besonders schwer. Pressekodex, Parteizugehörigkeit, Blattlinie, Politische Korrektheit und das ganze Drumherum. Das System gelangt langsam an seine Grenzen. Immer mehr Begriffe sind negativ behaftet, werden als diskriminierend eingestuft oder schöngefärbt: "Bei brisanten Themen weiß ich heute gar nicht mehr, wie ich formulieren soll", monierte ein Journalist in einem Interview, das ich neulich irgendwo gelesen habe. Schwierig, da den richtigen Ton zu treffen.

Von Sachlichkeit und Objektivität haben sich die deutschen Medien schon seit Längerem verabschiedet. Die Printmedien haben sich den öffentlich-rechtlichen Sendern angepasst. Der ganz große Bruch kam aus meiner Sicht 2011 mit der Energiewende und steigerte sich mit der Schuldenkrise in Griechenland ins Unermessliche. Empörung und Mitleid zu erzeugen stehen seitdem ganz oben auf der Agenda der Medienmacher. Kritik nur bei ausgewählten Themen, die mit den politischen Zielvorgaben einhergehen. Dann darf es gerne auch etwas mehr sein. Der "Brexit" bot sich da als gute Gelegenheit. Da konnte man sich als deutscher Journalist mal wieder so richtig austoben. Frust ablassen, ohne sich auf gefährliches Glatteis zu begeben.

Aber wie soll man sich heutzutage als moderner Journalist in einer politisch "alternativlos" definierten Zeit adäquat verhalten? Dagegen sein ist nicht ganz ungefährlich. Schnell kann man sich da als Verschwörungstheoretiker gerieren – gar aussortiert werden. Konsens und Zustimmung im Interesse der Eliten zu erzeugen, ist heute allererste Aufgabe der

Schreiberlinge. "Manufacturing consent" nannte das Noam Chomsky in seiner Ende der 1980er Jahre erschienenen Medientheorie. Chomsky beschreibt hier im Wesentlichen den manipulativen Einfluss wirtschaftlicher und politischer Interessengruppen auf die Berichterstattung der Massenmedien in echten Demokratien. Da ist schon was dran. Insbesondere, wenn man mal googelt, welche Zeitungen heute im Besitz welcher Parteien sind. Es ist nicht einfacher geworden in den Schreibstuben der Meinungsmacher. Immer mehr Fingerspitzengefühl ist angesagt, um den Bürger mitzunehmen. Wie formulierte es unser Bundespräsident neulich, wohl ungewollt und etwas tollpatschig: "Die Eliten sind gar nicht das Problem, die Bevölkerungen sind im Moment das Problem." Da haben es die Kollegen von der Musik- oder Sportredaktion schon um einiges leichter.

Was ist bloß aus dem guten alten "Links" geworden. In einer sogenannten Qualitätsjournalie habe ich vor einigen Wochen gelesen: "Ein Journalist muss immer versuchen, mehr links zu sein als sein Leser." Das sei sein politischer Auftrag! Ein Satz, der das Mediendilemma ganz gut beschreibt. "Links" ist heute nicht mehr nur wohlwollendes Gedankengebäude, sondern auch so was wie ein Wettbewerb. Progressivität, moderner sein, den anderen nochmal übertrumpfen. "Ich bin linker als du, also bist du böser als ich", oder: "Hey, wie bist du denn drauf, bist wohl von vorvorgestern!" Geforderte Toleranz, nur solange sie dienlich ist. Dieser

Wettbewerb lässt sich auch sehr gut in den wöchentlichen Talkshows der öffentlich-rechtlichen Fernsehsender ablesen. Ganz besonders tut sich da seit einiger Zeit, neben alteingesessenen Moralaposteln und Berufsempörern wie Beck, Stegner und Roth, ein gewisser Markus Lanz hervor. Was für eine unsägliche, aalglatte Medienmarionette.

Das gute alte "Links" ist zu einer fragwürdigen Haltung generiert, gekennzeichnet durch Doppelmoral, Opportunismus und Pragmatismus. Vielleicht sogar etwas Verlogenheit? Stringenz zumindest erkenne ich schon lange nicht mehr. Nicht zuletzt hat man wohl deswegen in den 1980er Jahren vorsichtshalber schon mal das Wort "Liberal" dahinter gesetzt. Das heißt, die Haltung neu definiert, quasi modernisiert. Natürlich ist der Begriff an sich schon älter, aber er passte gut in die neue Zeit. War auch ehrlicher. Ein geschickter Schachzug der Sozialingenieure. Dadurch waren einem nicht mehr so die Hände gebunden. Man hatte mehr Spielraum. Das gute alte "Links" erlangte mehr Freiheit, hatte leider aber auch an Schlüssigkeit eingebüßt. Mit dem "liberaleren Links" konnte man nun kritiklos alle Vorteile des einst so bösen Kapitalismus in Anspruch nehmen. "Konsumkritik" ade! Was soll's. Letztlich widerspricht sie eh dem menschlichen Naturell.

Das gute alte "Links" hatte damit ein grundlegendes Element seiner einstigen Haltung verloren. Man suchte nach einer Lösung, um sein Gewissen zu beruhigen. Man etablierte so was wie modernen Ablasshandel. Auch wenn wir dafür heute andere Begriffe benutzen. Man versteht alles, solange es zur Gesinnung passt. Man fordert viel und gerne und bittet gebetsmühlenartig um mehr Toleranz und Nachsicht. Wir müssen helfen, das ist unsere verdammte Pflicht. Aber wenn es geht, bitte nicht vor der eigenen Haustür und am allerbesten, wenn andere dafür bezahlen und es aushalten müssen. Im Zuge einer immer transparenter werdenden Doppelmoral, etablierte sich dann wohl auch das Unwort "Gutmensch". Zumindest ist es mir davor nie zu Ohren gekommen. Ja ja, es war manchmal schon verdammt schwer, ein guter Mensch zu sein?!

Ich muss gerade etwas schmunzeln und an einen Leserkommentar zu Augsteins Spiegel-Kolumne "Im Zweifel Links" denken. Da heißt es an einer Stelle ungefähr so: "Der Jakob fährt bestimmt mit seinem weißen Porsche Cayenne die Kinder zur Privatschule und stellt danach beim Edel-Bioladen das Gefährt auf den Behindertenparkplatz." Das wird sicherlich so nicht ganz stimmen, bringt das Dilemma aber ironisch auf den Punkt. Der ewig empörende Fingerzeig und das Kollidieren mit den eigenen Vorgaben. Aber was soll's, wir sind eben alle nur Menschen. Deutschlands bekannteste Frauenrechtlerin, die ich eigentlich immer noch ein bisschen schätze, da sie sich zumindest manchmal aus dem Käfig der "political correctness" wagt, ist vor nicht allzu langer Zeit auch über ihren moralischen

Zeigefinger gestolpert. Da kann man froh sein, dass es immerhin noch Sahra Wagenknecht gibt!

KAMBODSCHA
Phnom Penh, Sommer 2016

Es dauerte eine ganze Weile, bis ich erkannte, welches Lied da auf dem alten Piano gespielt wurde. Ich schloss die Augen und konzentrierte mich nochmals auf die einzelnen Töne. Dann hatte ich es, es war *In my Life* von den Beatles. Der von Lennon geschriebene Song, klimperte als Jazzversion derart verfremdet in einer Endlosschleife vor sich hin, dass ihn mein geschultes Ohr kaum dechiffrieren konnte. Ich sitze an dem von mir gewählten Tisch an der Südseite des Raumes. An dem mit den vier großen Sesseln. Fast schon ein bisschen frech. Aber von hier hatte man den besten Überblick. Die Gratissnacks des Hauses - Nüsse und getrocknete Bananenscheiben - stehen bereits auf dem Tisch. Vertieft in die Karte, suche ich nach dem günstigsten Drink.

Ich bin in der Elephant Bar im Le Royal, dem traditionsreichsten Hotel in Phnom Penh. Ich dachte, nach über zwölf Jahren in Kambodscha, sei es mal an der Zeit dort vorbeizuschauen. Das Hotel wurde 1929 eröffnet und von einem gewissen Ernest Hébrard im Art-Deco-Stil entworfen. Hébrard war seinerzeit bekanntester Stadtplaner Indochinas. Er saß unter anderem auch für das vietnamesische Saigon und Dalat am Zeichentisch. Zweihundertsiebzig Dollar zahlt man heute für das billigste Zimmer im Le Royal, das mittlerweile zur Raffles-Gruppe gehört. Ein Unternehmen aus Singapur, das sich auf das Aufpolieren altehrwürdiger Hotels spezialisiert hat.

Viele bekannte Gesichter hat das Le Royal schon gesehen. Charlie Chaplin oder den Schriftsteller W. Somerset Maugham. Ende der 1960er Jahre nächtigte Jacqueline Kennedy Onassis hier. Nach der Stil-Ikone wurde auch der sogenannte "Signature Cocktail" des Hauses benannt - der "Femme Fatale". Das trichterförmige Glas für vierzehn Dollar, plus der üblichen zwanzig Prozent an Aufschlägen, die in solchen Lokalitäten gerne verlangt werden. Bei dem Preisniveau begnügte ich mich mit einem Carlsberg vom Fass, das musste reichen als Eintrittskarte für meine Beobachtungen.

In den goldenen Zeiten Kambodschas, nach der Kolonialzeit, also den späten 1950ern und 1960ern saß auch Prinz Norodom Sihanouk gelegentlich am Flügel der Elephant Bar. Er interessierte sich seinerzeit mehr für Musik und Kunst als für Politik, hörte ich mal. 1968 veröffentlichte er sogar in der DDR eine Langspielplatte mit dem Leipziger Rundfunk-Orchester: "Palmen am Meer – Tanzmusik aus Kambodscha". Alles übrigens Eigenkompositionen des späteren Königs.

Das Bier trank ich bei dem Preis wie einen guten Wein. Ich schaute mich neugierig um. Wo saß wohl Charlie und wo könnte Jackie gesessen haben? Und was ist überhaupt noch original? Hohe Arkaden, Elefantenmalereien an der Decke und den Wänden. Am Eingang ein geschnitzter Elefantenkopf aus Tropenholz und zwei riesige gekreuzte Stoßzähne: "Die seien aber nicht echt", versicherte mir später der Türsteher beim Rausgehen, auf Nachfrage. "Das würde gegen die geltenden Gesetze des Landes verstoßen." Geschnitzte Elefantenmotive auch an den hölzernen Tischen. Der Name der Bar war Programm. Selbst der Serviettenhalter und der Kerzenständer auf meinem Tisch huldigten dem größten Landsäugetier unseres Planeten.

Ich liebe solch geschichtsträchtige Plätze. Bars mit kolonialem Ambiente, an denen einst Berühmtheiten dekadent an Cocktails schlürften. Solche Plätze ziehen mich an. Ist so etwas eigentlich schon pervers? Dieses Faible entwickelte sich übrigens erst recht spät, so mit Ende Dreißig. Ich glaube, es begann in der kleinen Bar im The Strand, dem bekanntesten Hotel der burmesischen Hauptstadt Rangoon. Ich sage immer noch Rangoon. Yangon, wie die Stadt heute offiziell genannt wird, hört sich für meine Ohren irgendwie so gummiartig, so künstlich an. George Orwell pflegte unter anderem in der Bar des Strand Inspirationen für seine Romane zu sammeln. Mein neuer Fetisch verfestigte sich später im syrischen Aleppo, in der Hausbar des Hotel Baron. Dort nahmen Lawrence von Arabien oder Agatha Christie ihre Drinks zu sich. Das Baron hatte diese verstaubte Attitüde. Der alte Sessel, auf dem ich saß, roch muffig und hatte ein

Loch. Das fand ich Klasse. Eine unbezahlte Rechnung von T. E. Lawrence durfte man in einem Glaskästchen bestaunen. Sachen gibt's!

Hemingways La Bodegita del Medio in Havanna hingegen hinterließ keinen besonderen Eindruck auf mich. Man kannte die Bar schon zu sehr aus den unzähligen faden Reportagen, die Anfang dieses Jahrtausends, während des großen Kuba-Hype auf allen Fernsehkanälen rauf und runter liefen. Mit den ganzen Touristen und tausenden an die Wände gekritzelten Trinksprüchen und Unterschriften langweilte das Ambiente. Es war ausgelutscht, war nicht mal den Cuba Libre wert, den ich dort trank!

Mr. Rith, der Oberkellner, gesellte sich zu mir. Weißes Hemd und schwarze Hose, wie sich das gehört. Ich fragte ihn ein wenig aus. Vieles wusste ich ja schon, was ich mir aber nicht anmerken ließ. Immerhin, er wusste das Jahr, in dem das Hotel eröffnet worden war. Nicht unbedingt üblich in diesem Teil der Welt. Er erzählte mir auch, dass die Elephant Bar erst vor kurzem renoviert wurde und kaum noch etwas original sei. Selbst die nostalgischen Rattansessel mussten den braunen Ledersesseln weichen. Auch seien die Räumlichkeiten jetzt dreimal größer als zuvor. Nur noch die Malereien an der Wand seien original. Etwas Enttäuschung. "Aber es ist immer noch derselbe Pianospieler von damals", fuhr Mr. Rith fort."Wie", stutze ich, "der muss ja dann schon fast hundert Jahre alt sein?" Dann erzählte er mir noch von einem reichen australischen älteren Paar, das hier zu einem Sonderpreis von 20.000 Dollar im Monat dauerhaft in einer der drei großen Suiten wohnte.

Es ist noch immer Regenzeit in Kambodscha. Das Wasser und die Winde rütteln an den schönen großen Fenstern der Elefantenbar. Die Palmen biegen sich in der Dunkelheit vor dem gegenüberliegenden 188 Meter hohen Vattanac Capital Tower, dem neuen architektonischen Wahrzeichen Phnom Penhs. Keine Möglichkeit, die Bar zu verlassen. Mehr Kellner als Gäste. Ein paar Touristen und nur einige Gäste, die anscheinend auch hier wohnen. Im Fünfminutentakt läuft immer wieder der gleiche Kellner an meinem Tisch vorbei, mein Glas fest im Augenwinkel. Bei zehn Dollar für ein Bier, ließ ich aber gut sichtbar ein Viertel der blonden Flüssigkeit im Glas. Das ist so was wie eine Netiquette in solchen Etablissements - habe ich irgendwo mal gelesen -, die es einem Kellner nicht erlauben zu fragen, ob man noch was trinken möchte.

ENDE